기출로 합격까지

김병렬 기출문제

테마기출 30선

부동산공시법령 2차

박문각 공인중개사

브랜드만족
1위
박문각

20
25

근거자료
별면표기

이 책의 머리말

2025 기출테마특강을 준비하며...

기출문제가 중요하다고들 말합니다. 그러나 어떤 기출문제가 중요하고 어떤 기출문제를 버려야 하는지, 기출문제를 어떻게 공부해야 하는지를 알려주기는 너무 어렵습니다. 그저 수험생의 공포감을 유발하는 수단으로만 쓰여지고 있는 것은 아닌지 의문입니다.

그래서 적은 분량에 최적의 기출문제집을 만들고자 2022년 이 교재를 만들었고 2023년, 2024년을 거쳐 2025년 대비 수정 보완하였습니다.
아래의 사항들에 특별히 착안하여 준비하였습니다.

01 분량이 적고 얇아야 한다.

02 중요내용은 반복되어야 한다.

03 오래된 문제는 과감히 삭제하고 최근 기출문제 중심으로 구성한다.

04 지나치게 어려운 부분은 무시한다.

05 꼭 알아야 할 지문들은 ○×지문 비교로 포인트를 잡아준다.

실제로 교재를 만들면서 내용을 삭제하고 줄이는 데 가장 많은 시간을 소비하였습니다. 그러나 중요 내용은 반복하여 담고자 노력하였습니다. 바로 옆 핵심정리에서 보았던 내용이 지문비교정리와 기출문제, 해설에 반복되어 나올 때 수험생들은 편안함과 익숙함을 느낄 것입니다.

자세한 해설을 하고자 하는 교재는 아닙니다. 직관적으로 정답을 찾는 법을 익히기 가장 최적의 교재라고 자부합니다.

결론적으로 본 교재는 개별적 적중률에 크게 연연하지 않고 핵심만을 체계적으로 공부하여, 공시법에 흥미를 느껴보자는 목표로 제작되었습니다.

이 교재가 씨앗이 되어 굵은 가지와 푸른 잎들을 피워내시길 간절히 소망합니다.

2025년 1월

편저자 김병렬 씀

이 책의 차례

필수테마 01 | 등기의 절차와 등기의 효력

핵심 정리

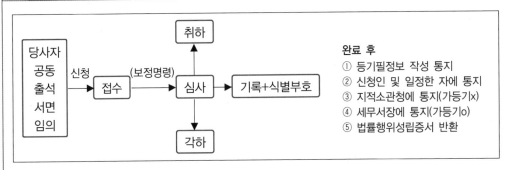

① 등기신청은 대법원규칙으로 정하는 등기신청정보가 전산정보처리조직에 '저장'된 때 접수된 것으로 본다.

② 등기관이 등기를 마치면 그 등기는 접수한 때부터 효력이 발생한다.

③ 등기의 순서는 등기기록 중 같은 구에서 한 등기는 순위번호에 따르고, 다른 구에서 한 등기는 접수번호에 따른다.

④ 부기등기의 순위는 주등기의 순위에 따른다. 그러나 부기등기 상호간의 순위는 그 등기 순서에 따른다.

⑤ 가등기상 권리를 제3자에게 양도한 경우에 양도인과 양수인은 공동신청으로 그 가등기상 권리의 이전등기를 신청할 수 있고, 그 이전등기는 가등기에 대한 부기등기의 형식으로 한다.

⑥ 소유권이전등기청구권을 보전하기 위한 가등기에 대한 가압류등기나 가처분등기를 할 수 있다.

⑦ 가등기에 의한 본등기를 한 경우 본등기의 순위는 가등기의 순위에 따른다. 그러나 소유권이전등기청구권 보전을 위한 가등기에 기한 본등기가 된 경우 소유권이전의 효력은 본등기 시에 발생한다.

⑧ 말소회복등기는 종전의 등기와 동일한 순위와 효력을 보유한다.

⑨ 등기신청행위는 법률행위가 아니고 채무의 이행에 준하는 것으로 볼 수 있으므로 쌍방대리나 상대방대리가 가능하다.

지문비교

01 등기관이 등기를 마치면 그 등기는 접수한 때부터 효력이 발생한다. ……… (○)

02 등기를 마친 경우 그 등기의 효력은 대법원규칙으로 정하는 등기신청정보가 전산정보처리조직에 저장된 때 발생한다. ……………………………………… (○)

03 부동산에 대한 가압류 등기와 저당권설정등기 상호간의 순위는 접수번호에 따른다. ……………………………………………………………………………… (○)

04 법무사는 매매계약에 따른 소유권이전등기를 매도인과 매수인 쌍방을 대리하여 신청할 수 있다. ……………………………………………………………… (○)

기출문제

01 **등기한 권리의 순위에 관한 설명으로 틀린 것은?** (다툼이 있으면 판례에 따름)

2023

① 부동산에 대한 가압류등기와 저당권설정등기 상호간의 순위는 접수번호에 따른다.
② 2번 저당권이 설정된 후 1번 저당권 일부이전의 부기등기가 이루어진 경우, 배당에 있어서 그 부기등기가 2번 저당권에 우선한다.
③ 위조된 근저당권해지증서에 의해 1번 근저당권등기가 말소된 후 2번 근저당권이 설정된 경우, 말소된 1번 근저당권등기가 회복되더라도 2번 근저당권이 우선한다.
④ 가등기 후에 제3자 명의의 소유권이전등기가 이루어진 경우, 가등기에 기한 본등기가 이루어지면 본등기는 제3자 명의 등기에 우선한다.
⑤ 집합건물 착공 전의 나대지에 대하여 근저당권이 설정된 경우, 그 근저당권등기는 집합건물을 위한 대지권등기에 우선한다.

☑정답 ③

02 甲이 그 소유의 부동산을 乙에게 매도한 경우에 관한 설명으로 틀린 것은? 2019

① 乙이 부동산에 대한 소유권을 취득하기 위해서는 소유권이전등기를 해야 한다.
② 乙은 甲의 위임을 받더라도 그의 대리인으로서 소유권이전등기를 신청할 수 없다.
③ 乙이 소유권이전등기신청에 협조하지 않는 경우 甲은 乙에게 등기신청에 협조할 것을 소구(訴求)할 수 있다.
④ 甲이 소유권이전등기신청에 협조하지 않는 경우 乙은 승소판결을 받아 단독으로 소유권이전등기를 신청할 수 있다.
⑤ 소유권이전등기가 마쳐지면, 乙은 등기신청을 접수한 때 부동산에 대한 소유권을 취득한다.

해설 민법 제124조는 민법상 법률행위에 대하여는 원칙적으로 상대방대리나 쌍방대리를 금지하고 있으나 등기신청행위는 법률행위가 아닌 채무의 이행에 준하는 것으로 볼 수 있으므로 이를 할 수 있다. 즉 상대방을 대리하여 등기를 신청할 수도 있다.

정답 ②

03 등기의 효력에 관한 설명으로 틀린 것은? (다툼이 있으면 판례에 따름) 2015

① 등기를 마친 경우 그 등기의 효력은 대법원규칙으로 정하는 등기신청정보가 전산정보처리조직에 저장된 때 발생한다.
② 대지권을 등기한 후에 한 건물의 권리에 관한 등기는 건물만에 관한 것이라는 뜻의 부기등기가 없으면 대지권에 대하여 동일한 등기로서 효력이 있다.
③ 같은 주등기에 관한 부기등기 상호간의 순위는 그 등기순서에 따른다.
④ 소유권이전등기청구권을 보전하기 위한 가등기에 대하여는 가압류등기를 할 수 없다.
⑤ 등기권리의 적법추정은 등기원인의 적법에서 연유한 것이므로 등기원인에도 당연히 적법추정이 인정된다.

해설 가등기상의 권리의 이전등기가 가능하므로 가등기에 대한 가압류나 가처분등기도 할 수 있다.

정답 ④

필수테마 02 | 등기사항

핵심 정리

❖ **"사건이 등기할 것이 아닌 경우"란 다음 각 호의 어느 하나에 해당하는 경우를 말한다.**

1. 등기능력 없는 물건 또는 권리에 대한 등기를 신청한 경우
2. 법령에 근거가 없는 특약사항의 등기를 신청한 경우
3. 구분건물의 전유부분과 대지사용권의 분리처분 금지에 위반한 등기를 신청한 경우
4. 농지를 전세권설정의 목적으로 하는 등기를 신청한 경우
5. 저당권을 피담보채권과 분리하여 양도하거나, 피담보채권과 분리하여 다른 채권의 담보로 하는 등기를 신청한 경우
6. 일부지분에 대한 소유권보존등기를 신청한 경우
7. 공동상속인 중 일부가 자신의 상속지분만에 대한 상속등기를 신청한 경우
8. 관공서 또는 법원의 촉탁으로 실행되어야 할 등기를 신청한 경우
9. 이미 보존등기된 부동산에 대하여 다시 보존등기를 신청한 경우
10. 그 밖에 신청취지 자체에 의하여 법률상 허용될 수 없음이 명백한 등기를 신청한 경우

> ㉠ 가등기에 기한 본등기를 금지하는 가처분
> ㉡ 매매로 인한 소유권이전등기와 동시에 하지 않은 환매특약등기신청

❖ **부동산의 일부와 권리의 일부**

	소유권보존 등기	소유권이전등기, 저당권설정등기	지상권, 전세권, 임차권설정등기	지역권설정
부동산의 일부	×	×	○	승역지 ○ 요역지 ×
권리의 일부	×	○	×	×

- 1인의 전원명의 소유권보존등기 − 가능 / 자기 지분만 소유권보존등기 − 불가능
- 상속인 1인의 전원명의 상속등기 − 가능 / 자기 지분만 상속등기 − 불가능
- 공동가등기권자 중 1인의 전원명의본등기 − 불가능 / 자기 지분만 본등기 − 가능
- 포괄유증 시 수인의 전원이 전원명의의 등기, 수증자 중 1인의 자기지분만 등기 − 가능

❖ **소유권, 지상권, 지역권, 전세권, 저당권, 권리질권, 채권담보권, 임차권, 환매특약 ○**
(점유권, 유치권, 분묘기지권, 주위토지통행권 ×)

❖ **하천법상 하천 − 소유권, 저당권, 권리질권등기○, 지상권, 지역권, 전세권, 임차권 등기×**

기출문제

01 등기신청의 각하사유에 해당하는 것을 모두 고른 것은? 2018

> ㉠ 매매로 인한 소유권이전등기 이후에 환매특약등기를 신청한 경우
> ㉡ 관공서의 공매처분으로 인한 권리이전의 등기를 매수인이 신청한 경우
> ㉢ 전세권의 양도금지 특약을 등기신청한 경우
> ㉣ 소유권이전등기의무자의 등기기록상 주소가 신청정보의 주소로 변경된 사실이 명백한 때

① ㉠, ㉡   ② ㉡, ㉢
③ ㉢, ㉣   ④ ㉠, ㉡, ㉢
⑤ ㉠, ㉡, ㉢, ㉣

해설 ㉠ 반드시 동시신청 ㉡ 촉탁으로 실행하여야 할 등기를 신청
㉢ 임의적 기록사항으로 법령에 근거가 있는 특약은 등기가능
㉣ 수리하여 직권으로 변경등기가능

☑ 정답 ①

02 등기관이 등기신청을 각하해야 하는 경우를 모두 고른 것은? 2019

> ㉠ 일부지분에 대한 소유권보존등기를 신청한 경우
> ㉡ 농지를 전세권의 목적으로 하는 등기를 신청한 경우
> ㉢ 법원의 촉탁으로 실행되어야 할 등기를 신청한 경우
> ㉣ 공동상속인 중 일부가 자신의 상속지분만에 대한 상속등기를 신청한 경우
> ㉤ 저당권을 피담보채권과 분리하여 다른 채권의 담보로 하는 등기를 신청한 경우

① ㉠, ㉡, ㉤   ② ㉠, ㉢, ㉣
③ ㉠, ㉢, ㉣, ㉤   ④ ㉡, ㉢, ㉣, ㉤
⑤ ㉠, ㉡, ㉢, ㉣, ㉤

해설 모두 각하 사유이며 부동산등기법 제29조 제2호의 사건이 등기할 것이 아닌 경우에 해당한다.

☑ 정답 ⑤

03 등기신청의 각하 사유가 <u>아닌</u> 것은?　　　　　　　　　　2015

① 공동가등기권자 중 일부의 가등기권자가 자기의 지분만에 관하여 본등기를 신청한 경우
② 구분건물의 전유부분과 대지사용권의 분리처분 금지에 위반한 등기를 신청한 경우
③ 저당권을 피담보채권과 분리하여 양도하거나, 피담보채권과 분리하여 다른 채권의 담보로 하는 등기를 신청한 경우
④ 이미 보존등기된 부동산에 대하여 다시 보존등기를 신청한 경우
⑤ 법령에 근거가 없는 특약사항의 등기를 신청한 경우

해설 자기 지분만에 관하여 본등기를 신청한 경우 등기관은 이를 수리한다. 다만 일부의 가등기권리자가 공유물보존행위에 준하여 가등기 전부에 관한 본등기를 신청할 수 없다.

✅ 정답 ①

04 부동산등기법상 등기할 수 <u>없는</u> 것을 모두 고른 것은?　　　　2023

㉠ 분묘기지권	㉡ 전세권저당권
㉢ 주위토지통행권	㉣ 구분지상권

✅ 정답 ㉠, ㉢

05 부동산등기법 제29조 제2호의 '사건이 등기할 것이 <u>아닌</u> 경우'에 해당하는 것을 모두 고른 것은? (다툼이 있으면 판례에 따름)　　　　2023

㉠ 위조한 개명허가서를 첨부한 등기명의인 표시변경등기신청
㉡ 「하천법」상 하천에 대한 지상권설정등기신청
㉢ 법령에 근거가 없는 특약사항의 등기신청
㉣ 일부지분에 대한 소유권보존등기신청

① ㉠　　　　　　　　② ㉠, ㉡　　　　　　　　③ ㉢, ㉣
④ ㉡, ㉢, ㉣　　　　⑤ ㉠, ㉡, ㉢, ㉣

해설 ㉠은 위조한 서류에 의한 신청이므로 각하사유에 해당할 수는 있으나 등기명의인표시변경등기는 등기할 수 있는 사항이므로 제2호의 '사건이 등기할 것이 아닌 경우'에 해당하지는 않는다.

✅ 정답 ④

06 등기신청의 각하사유로서 '사건이 등기할 것이 <u>아닌</u> 경우'를 모두 고른 것은?

2024

> ㉠ 구분건물의 전유부분과 대지사용권의 분리처분 금지에 위반한 등기를 신청한 경우
> ㉡ 농지를 전세권설정의 목적으로 하는 등기를 신청한 경우
> ㉢ 공동상속인 중 일부가 자신의 상속지분만에 대한 상속등기를 신청한 경우
> ㉣ 소유권 외의 권리가 등기되어 있는 일반건물에 대해 멸실등기를 신청한 경우

① ㉠, ㉡   ② ㉡, ㉣
③ ㉢, ㉣   ④ ㉠, ㉡, ㉢
⑤ ㉠, ㉡, ㉢, ㉣

⊘ 정답 ④

필수테마 03 | 등기당사자

핵심 정리

가. 당사자 능력이 인정되는 경우 : 자연인, 법인, 법인 아닌 사단 또는 재단

나. 당사자 능력이 인정되지 않는 경우 : 태아, 학교, 민법상 조합, 읍·면·리·동

다. 권리능력 없는 사단 또는 재단의 등기신청 시 첨부 정보

규칙 제48조【법인 아닌 사단이나 재단의 등기신청】 법 제26조의 종중, 문중, 그 밖에 대표자나 관리인이 있는 법인 아닌 사단이나 재단이 등기를 신청하는 경우에는 다음 각 호의 정보를 첨부정보로서 등기소에 제공하여야 한다.

1. 정관이나 그 밖의 규약

2. 대표자나 관리인임을 증명하는 정보. 다만, 등기되어 있는 대표자나 관리인이 신청하는 경우에는 그러하지 아니하다.

3. 사원총회 결의가 있음을 증명하는 정보(법인 아닌 사단이 등기의무자인 경우)

4. 대표자나 관리인의 주소 및 주민등록번호를 증명하는 정보

지문비교

01 법인 아닌 사단인 종중이 건물을 매수한 경우, 종중의 대표자는 종중 명의로 소유권이전등기를 신청할 수 있다. ……………………………………………… (○)

02 대표자가 있는 법인 아닌 재단에 속하는 부동산의 등기에 관하여는 그 대표자를 등기권리자 또는 등기의무자로 한다. …………………………………………… (×)

03 법인 아닌 사단이 등기의무자인 경우, 사원총회결의가 있었음을 증명하는 정보를 첨부정보로 제공하여야 한다. ……………………………………………………… (○)

04 법인 아닌 사단이 등기권리자인 경우, 사원총회결의가 있었음을 증명하는 정보를 첨부정보로 제공하여야 한다. ……………………………………………………… (×)

05 민법상 조합을 채무자로 표시하여 조합재산에 근저당권설정등기를 할 수 있다. …………………………………………………………………………………………… (×)

06 민법상 조합은 등기능력이 없는 것이므로 이러한 조합 자체를 채무자로 표시하여 근저당권설정등기를 할 수는 없다. ……………………………………………… (○)

07 사립대학이 부동산을 기증받은 경우, 학교 명의로 소유권이전등기를 할 수 있다. …………………………………………………………………………………………… (×)

기출문제

01 법인 아닌 사단이 등기신청을 하는 경우, 등기소에 제공하여야 할 정보에 관한 설명으로 **틀린** 것은? (중요)   2015

① 대표자의 성명, 주소 및 주민등록번호를 신청정보의 내용으로 제공하여야 한다.
② 법인 아닌 사단이 등기권리자인 경우, 사원총회결의가 있었음을 증명하는 정보를 첨부정보로 제공하여야 한다.
③ 등기되어 있는 대표자가 등기를 신청하는 경우, 대표자임을 증명하는 정보를 첨부정보로 제공할 필요가 없다.
④ 대표자의 주소 및 주민등록번호를 증명하는 정보를 첨부정보로 제공하여야 한다.
⑤ 정관이나 그 밖의 규약의 정보를 첨부정보로 제공하여야 한다.

☑ 정답 ②

02 등기당사자능력에 관한 설명으로 옳은 것은? (다툼이 있으면 판례에 따름)   2017

① 태아로 있는 동안에는 태아의 명의로 대리인이 등기를 신청한다.
② 민법상 조합은 직접 자신의 명의로 등기를 신청한다.
③ 지방자치단체와 같은 공법인은 직접 자신의 명의로 등기를 신청할 수 없다.
④ 사립학교는 설립주체가 누구인지를 불문하고 학교 명의로 등기를 신청한다.
⑤ 법인 아닌 사단은 그 사단의 명의로 대표자나 관리인이 등기를 신청한다.

해설 ①②④ 태아나 민법상 조합, 학교의 명의로는 등기할 수 없다.
③ 지방자치단체는 공법인으로 등기당사자능력을 인정하여 등기할 수 있다.

☑ 정답 ⑤

03 부동산등기법상 등기의 당사자능력에 관한 설명으로 **틀린** 것은?   2021

① 법인 아닌 사단(社團)은 그 사단 명의로 대표자가 등기를 신청할 수 있다.
② 시설물로서의 학교는 학교 명의로 등기할 수 없다.
③ 행정조직인 읍, 면은 등기의 당사자능력이 없다.
④ 민법상 조합을 채무자로 표시하여 조합재산에 근저당권설정등기를 할 수 있다.
⑤ 외국인은 법령이나 조약의 제한이 없는 한 자기 명의로 등기신청을 하고 등기명의인이 될 수 있다.

해설 민법상 조합은 등기명의인으로 등기할 수 없고, 저당권설정등기의 채무자로 등기할 수도 없다.

☑ 정답 ④

필수테마 04 | 공동신청과 단독신청

핵심 정리

1. 확정된 이행판결에 의한 등기신청 − **단독신청**
2. 소유권보존등기, 소유권보존등기의 말소 − **단독신청**
3. 부동산표시변경, 등기명의인의 표시변경등기 − **단독신청**
4. 신탁재산에 속하는 부동산의 신탁등기 − **단독신청(수탁자)**
5. 상속 또는 법인의 합병 등 포괄승계를 원인으로 하는 등기 − **단독신청**
6. 가등기 − 가등기권리자가 **단독신청 가능**(가등기의무자의 승낙이나 가등기가처분명령)
7. 가등기 말소 − 가등기명의인, 가등기의무자, 이해관계인이 **단독신청 가능**
8. 수용을 원인으로 하는 소유권이전등기 − 단독신청(사업시행자)
9. 포괄 유증 또는 특정 유증을 원인으로 하는 소유권이전등기 − 공동신청
10. 상속인(포괄승계인)에 의한 등기 − 공동신청
11. 근저당권의 변경등기(권리의 변경) − 공동신청
12. 승역지에 지역권등기신청 − 공동신청(승역지소유자 등이 등기의무자)
13. 요역지에 지역권등기 − 직권(등기관)

지문비교

01 부동산표시의 변경이나 경정의 등기는 소유권의 등기명의인이 단독으로 신청한다.
.... (○)

02 등기명의인 표시변경등기는 해당 권리의 등기명의인이 단독으로 신청할 수 있다.
.... (○)

03 근저당권의 채권최고액을 감액하는 근저당권자의 변경등기는 저당권자가 단독신
청한다. .... (×)

04 근저당권의 채권최고액을 감액하는 근저당권자의 변경등기는 저당권설정자가 등
기권리자, 저당권자가 등기의무자로 공동신청한다. .... (○)

05 말소등기 신청 시 등기의 말소에 대하여 등기상 이해관계 있는 제3자의 승낙이
있는 경우, 그 제3자 명의의 등기는 등기권리자의 단독신청으로 말소된다. (×)

06 말소등기 신청 시 등기의 말소에 대하여 등기상 이해관계 있는 제3자의 승낙이
있는 경우, 그 제3자 명의의 등기는 등기관이 직권으로 말소한다. .... (○)

01 단독으로 신청할 수 있는 등기를 모두 고른 것은? (단, 판결에 의한 신청은 제외)

2016

> ㉠ 소유권보존등기의 말소등기
> ㉡ 근저당권의 채권최고액을 감액하는 변경등기
> ㉢ 법인합병을 원인으로 한 저당권이전등기
> ㉣ 특정유증으로 인한 소유권이전등기
> ㉤ 승역지에 지역권설정등기를 하였을 경우, 요역지지역권등기

① ㉠, ㉢ 　②　㉠, ㉣ 　③　㉡, ㉣
④ ㉠, ㉢, ㉤ 　⑤　㉢, ㉣, ㉤

해설 ㉡ 권리변경등기는 공동신청에 의한다.
　　㉣ 유증을 원인으로 하는 소유권이전등기는 수증자가 등기권리자, 유언집행자가 등기의무자가 되어 공동신청한다.
　　㉤ 승역지에는 당사자의 신청으로 지역권등기가 실행되지만 요역지에는 등기관이 직권으로 실행한다.

정답 ①

02 단독으로 등기를 신청할 수 있는 것을 모두 고른 것은? (단, 판결 등 집행권원에 의한 신청은 제외함)

2021

> ㉠ 가등기명의인의 가등기말소등기 신청
> ㉡ 토지를 수용한 한국토지주택공사의 소유권이전등기 신청
> ㉢ 근저당권의 채권최고액을 감액하는 근저당권자의 변경등기 신청
> ㉣ 포괄유증을 원인으로 하는 수증자의 소유권이전등기 신청

① ㉠ 　②　㉠, ㉡ 　③　㉡, ㉢
④ ㉠, ㉢, ㉣ 　⑤　㉡, ㉢, ㉣

정답 ②

03 등기권리자 또는 등기명의인이 단독으로 신청하는 등기에 관한 설명으로 틀린 것을 모두 고른 것은? 2017

> ㉠ 등기의 말소를 공동으로 신청해야 하는 경우, 등기의무자의 소재불명으로 제 권판결을 받으면 등기권리자는 그 사실을 증명하여 단독으로 등기의 말소를 신청할 수 있다.
> ㉡ 수용으로 인한 소유권이전등기를 하는 경우, 등기권리자는 그 목적물에 설정 되어 있는 근저당권설정등기의 말소등기를 단독으로 신청하여야 한다.
> ㉢ 이행판결에 의한 등기는 승소한 등기권리자가 단독으로 신청할 수 있다.
> ㉣ 말소등기 신청 시 등기의 말소에 대하여 등기상 이해관계 있는 제3자의 승낙 이 있는 경우, 그 제3자 명의의 등기는 등기권리자의 단독신청으로 말소된다.
> ㉤ 등기명의인 표시변경등기는 해당 권리의 등기명의인이 단독으로 신청할 수 있다.

① ㉠, ㉢   ② ㉠, ㉣   ③ ㉡, ㉣
④ ㉡, ㉤   ⑤ ㉢, ㉤

해설 ㉡ 단독신청 말소가 아닌 직권말소대상이다.
㉣ 이 경우 제3자 명의의 등기는 등기관이 직권으로 말소한다.

✅정답 ③

04 등기권리자와 등기의무자가 공동으로 등기신청을 해야 하는 것은? (단, 판결 등 집 행권원에 의한 등기신청은 제외함) 2024

① 소유권보존등기의 말소등기를 신청하는 경우
② 법인의 합병으로 인한 포괄승계에 따른 등기를 신청하는 경우
③ 등기명의인표시의 경정등기를 신청하는 경우
④ 토지를 수용한 사업시행자가 수용으로 인한 소유권이전등기를 신청하는 경우
⑤ 변제로 인한 피담보채권의 소멸에 의해 근저당권설정등기의 말소등기를 신청 하는 경우

✅정답 ⑤

필수테마 05 | 제3자에 의한 등기

핵심 정리

A	→	B	→	C
등기의무자		(피대위)채무자 등기권리자		(대위)채권자

채권자C가 채무자B를 대위하여 A로부터 B로의 등기를 신청하는 경우 등기신청인은 C가 되지만 등기권리자는 B이다. 이 경우 등기관은 등기필정보를 작성통지하지 아니하고, B 및 신청인에게 등기완료통지를 한다.

지문비교

01 부동산이 甲 → 乙 → 丙으로 매도되었으나 등기명의가 甲에게 남아 있어 丙이 乙을 대위하여 소유권이전등기를 신청하는 경우 절차법상 등기권리자 乙의 등기신청권을 丙이 대위하여 신청한다. ……………………………………………… (○)

02 부동산이 甲 → 乙 → 丙으로 매도되었으나 등기명의가 甲에게 남아 있어 丙이 乙을 대위하여 소유권이전등기를 신청하는 경우 丙은 절차법상 등기권리자에 해당한다. …………………………………………………………………………… (×)

03 채권자가 채무자를 대위하여 등기신청을 하는 경우, 채무자가 등기신청인이 된다. …………………………………………………………………………………… (×)

04 채권자대위권에 의한 등기신청의 경우, 대위채권자는 채무자의 등기신청권을 자기의 이름으로 행사한다. …………………………………………………… (○)

05 상속인이 상속포기를 할 수 있는 기간 내에는 상속인의 채권자가 대위권을 행사하여 상속등기를 신청할 수 없다. ……………………………………………… (×)

06 상속인이 이미 상속포기를 한 경우, 상속인의 채권자가 대위권을 행사하여 상속등기를 신청할 수 없다. ……………………………………………… (○)

07 甲소유의 부동산에 관하여 甲과 乙이 매매계약을 체결한 후 아직 등기신청을 하지 않고 있는 동안, 매도인 甲이 사망한 경우에는 상속등기를 생략하고 甲의 상속인이 등기의무자가 되어 그 등기를 신청할 수 있다. ……………………… (○)

08 甲이 그 명의로 등기된 부동산을 乙에게 매도한 뒤 단독상속인 丙을 두고 사망한 경우, 丙은 자신을 등기의무자로 하여 甲에서 직접 乙로의 이전등기를 신청할 수는 없다. ……………………………………………… (×)

기출문제

01 채권자 甲이 채권자대위권에 의하여 채무자 乙을 대위하여 등기신청하는 경우에 관한 설명으로 옳은 것을 모두 고른 것은?　　2020

> ㉠ 乙에게 등기신청권이 없으면 甲은 대위등기를 신청할 수 없다.
> ㉡ 대위등기신청에서는 乙이 등기신청인이다.
> ㉢ 대위등기를 신청할 때 대위원인을 증명하는 정보를 첨부하여야 한다.
> ㉣ 대위신청에 따른 등기를 한 경우, 등기관은 乙에게 등기완료의 통지를 하여야 한다.

① ㉠, ㉡　　　　② ㉠, ㉢　　　　③ ㉡, ㉣
④ ㉠, ㉢, ㉣　　　⑤ ㉡, ㉢, ㉣

해설 ㉡ 대위등기신청에서는 乙이 등기신청인이 아니고 甲이 신청인이 된다.

✅정답 ④

02 부동산등기에 관한 설명으로 옳은 것은? 2020

① 저당권부채권에 대한 질권의 설정등기는 할 수 없다.
② 등기기록 중 다른 구(區)에서 한 등기 상호간에는 등기한 권리의 순위번호에 따른다.
③ 대표자가 있는 법인 아닌 재단에 속하는 부동산의 등기에 관하여는 그 대표자를 등기권리자 또는 등기의무자로 한다.
④ 甲이 그 소유 부동산을 乙에게 매도하고 사망한 경우, 甲의 단독상속인 丙은 등기의무자로서 甲과 乙의 매매를 원인으로 하여 甲으로부터 乙로의 이전등기를 신청할 수 있다.
⑤ 구분건물로서 그 대지권의 변경이 있는 경우에는 구분건물의 소유권의 등기명의인은 1동의 건물에 속하는 다른 구분건물의 소유권의 등기명의인을 대위하여 그 변경등기를 신청할 수 없다.

해설 ① 저당권부채권에 대한 질권의 설정등기는 할 수 있다. 즉 권리질권은 등기할 수 있는 권리이다.
② 등기기록 중 다른 구(區)에서 한 등기 상호간에는 접수번호에 따른다.
③ 그 대표자가 아닌 그 재단을 등기권리자 또는 등기의무자로 한다.
⑤ 대위하여 그 변경등기를 신청할 수 있다.

◎ 정답 ④

03 등기신청인에 관한 설명 중 옳은 것을 모두 고른 것은? (단, 판결 등 집행권원에 의한 신청은 제외함) 2022

> ㉠ 부동산표시의 변경이나 경정의 등기는 소유권의 등기명의인이 단독으로 신청한다.
> ㉡ 채권자가 채무자를 대위하여 등기신청을 하는 경우, 채무자가 등기신청인이 된다.
> ㉢ 대리인이 방문하여 등기신청을 대리하는 경우, 그 대리인은 행위능력자임을 요하지 않는다.
> ㉣ 부동산에 관한 근저당권설정등기의 말소등기를 함에 있어 근저당권 설정 후 소유권이 제3자에게 이전된 경우, 근저당권설정자 또는 제3취득자는 근저당권자와 공동으로 그 말소등기를 신청할 수 있다.

① ㉠, ㉢   ② ㉡, ㉣   ③ ㉠, ㉢, ㉣
④ ㉡, ㉢, ㉣   ⑤ ㉠, ㉡, ㉢, ㉣

해설 ㉡ 채권자가 채무자를 대위하여 등기신청을 하는 경우 채권자가 등기신청인이 되고, 채무자는 등기권리자가 된다.

◎ 정답 ③

04 등기신청에 관한 설명으로 **틀린** 것은? (다툼이 있으면 판례에 따름) 2022

① 상속인이 상속포기를 할 수 있는 기간 내에는 상속인의 채권자가 대위권을 행사하여 상속등기를 신청할 수 없다.

② 가등기를 마친 후에 가등기권자가 사망한 경우, 그 상속인은 상속등기를 할 필요 없이 상속을 증명하는 서면을 첨부하여 가등기의무자와 공동으로 본등기를 신청할 수 있다.

③ 건물이 멸실된 경우, 그 건물소유권의 등기명의인이 1개월 이내에 멸실등기신청을 하지 않으면 그 건물대지의 소유자가 그 건물소유권의 등기명의인을 대위하여 멸실등기를 신청할 수 있다.

④ 피상속인으로부터 그 소유의 부동산을 매수한 매수인이 등기신청을 하지 않고 있던 중 상속이 개시된 경우, 상속인은 신분을 증명할 수 있는 서류를 첨부하여 피상속인으로부터 바로 매수인 앞으로 소유권이전등기를 신청할 수 있다.

⑤ 1동의 건물에 속하는 구분건물 중 일부만에 관하여 소유권보존등기를 신청하면서 나머지 구분건물의 표시에 관한 등기를 동시에 신청하는 경우, 구분건물의 소유자는 1동에 속하는 다른 구분건물의 소유자를 대위하여 그 건물의 표시에 관한 등기를 신청할 수 있다.

해설 ① 상속권을 포기한 경우 상속인의 채권자가 대위권을 행사할 수 없으나 상속포기할 수 있는 기간 내에는 아직 채권자가 대위권을 행사할 수 있다.

⊘ 정답 ①

필수테마 06 | 촉탁등기

핵심 정리

1. 국가 또는 지방자치단체가 등기의무자인 경우에는 국가 또는 지방자치단체는 등기권리자의 청구에 따라 지체 없이 해당 등기를 등기소에 촉탁하여야 한다.
2. 촉탁에 따른 등기절차는 법률에 다른 규정이 없는 경우에는 신청에 따른 등기에 관한 규정을 준용한다.
3. 관공서 또는 법원의 촉탁으로 실행되어야 할 등기를 신청한 경우 – 법 제29조 제2호
4. 관공서가 등기촉탁을 하는 경우에는 등기기록과 대장상의 부동산표시가 부합하지 아니하더라도 그 등기촉탁을 수리하여야 한다.
5. 등기의무자인 관공서가 등기권리자의 청구에 의하여 등기를 촉탁하는 경우, 등기의무자의 권리에 관한 등기필정보를 제공할 필요가 없다.
6. 관공서가 촉탁정보 및 첨부정보를 적은 서면을 제출하는 방법으로 등기촉탁하는 경우에는 우편으로 그 촉탁서를 제출할 수 있다.
7. 관공서가 체납처분(滯納處分)으로 인한 압류등기(押留登記)를 촉탁하는 경우에는 등기명의인 또는 상속인, 그 밖의 포괄승계인을 갈음하여 부동산의 표시, 등기명의인의 표시의 변경, 경정 또는 상속, 그 밖의 포괄승계로 인한 권리이전(權利移轉)의 등기를 함께 촉탁할 수 있다.

지문비교

01 관공서가 등기촉탁을 하는 경우에는 등기기록과 대장상의 부동산표시가 부합하지 아니하더라도 그 등기촉탁을 수리하여야 한다. ……………………… (○)

02 관공서가 경매로 인하여 소유권이전등기를 촉탁하는 경우, 등기기록과 대장상의 부동산의 표시가 부합하지 않은 때에는 그 등기촉탁을 수리할 수 없다. … (×)

03 관공서가 상속재산에 대해 체납처분으로 인한 압류등기를 촉탁하는 경우에는 그 상속인을 갈음하여 상속으로 인한 권리이전등기를 함께 촉탁할 수 있다. …… (○)

04 관공서가 상속재산에 대해 체납처분으로 인한 압류등기를 촉탁하는 경우, 상속인을 갈음하여 상속으로 인한 권리이전의 등기를 함께 촉탁할 수 없다. …… (×)

기출문제

01 관공서의 촉탁등기에 관한 설명으로 **틀린** 것은?   2021

① 관공서가 경매로 인하여 소유권이전등기를 촉탁하는 경우, 등기기록과 대장상의 부동산의 표시가 부합하지 않은 때에는 그 등기촉탁을 수리할 수 없다.

② 관공서가 등기를 촉탁하는 경우 우편에 의한 등기촉탁도 할 수 있다.

③ 등기의무자인 관공서가 등기권리자의 청구에 의하여 등기를 촉탁하는 경우, 등기의무자의 권리에 관한 등기필정보를 제공할 필요가 없다.

④ 등기권리자인 관공서가 부동산 거래의 주체로서 등기를 촉탁할 수 있는 경우라도 등기의무자와 공동으로 등기를 신청할 수 있다.

⑤ 촉탁에 따른 등기절차는 법률에 다른 규정이 없는 경우에는 신청에 따른 등기에 관한 규정을 준용한다.

> 해설 등기기록과 대장의 부동산표시가 부합하지 않는 경우의 각하사유는 촉탁등기에 적용하지 아니한다.

          ⓒ정답 ①

02 등기의 촉탁에 관한 설명으로 **틀린** 것은?   2024

① 관공서가 상속재산에 대해 체납처분으로 인한 압류등기를 촉탁하는 경우, 상속인을 갈음하여 상속으로 인한 권리이전의 등기를 함께 촉탁할 수 없다.

② 법원의 촉탁으로 실행되어야 할 등기가 신청된 경우, 등기관은 그 등기신청을 각하해야 한다.

③ 법원은 수탁자 해임의 재판을 한 경우, 지체 없이 신탁원부 기록의 변경등기를 등기소에 촉탁하여야 한다.

④ 관공서가 등기를 촉탁하는 경우 우편으로 그 촉탁서를 제출할 수 있다.

⑤ 촉탁에 따른 등기절차는 법률에 다른 규정이 없는 경우에는 신청에 따른 등기에 관한 규정을 준용한다.

          ⓒ정답 ①

필수테마 07 | 신청정보, 등기필정보

핵심 정리

❖ **신청정보의 내용**
　① 부동산표시(소지지면, 소지종구면)
　② 등기원인과 그 연월일, 등기목적
　③ 신청인(명,주,번), 대리인(명,주,볔)
　④ 등기의무자의 등기필정보(공동신청, 승소한 등기의무자단독신청)
　⑤ 등기소 표시, 신청일자

❖ **등기필정보의 제공(등기의무자 → 등기소)**

등기필정보 : 공동신청의 경우에 등기의무자의 권리의 등기필정보를 **제공**한다. 즉 단독신청 시 ×	
등기필정보 멸실 시 확인방법 ㉠ 출석(본인 또는 법정대리인)－확인조서 ㉡ 변호사 또는 법무사의 확인서면 ㉢ 공증부본(신청서 또는 위임장 본인작성 여부)	**판결 시 등기필정보 제공여부** 판결에 의한 단독신청(승소한 등기권리자) － 제공 × 승소한 등기의무자 － 제공 ○

❖ **등기필정보의 작성 통지**(등기소 → 명신 = 등기권리자)
　등기관은 등기를 마치면 등기필정보를 등기명의인이 된 신청인에게 통지한다.

지문비교

01 승소한 등기권리자가 단독으로 권리에 관한 등기를 신청하는 경우, 등기의무자의 등기필정보를 등기소에 제공해야 한다. ·· (×)

02 승소한 등기의무자가 단독으로 권리에 관한 등기를 신청하는 경우, 그의 등기필정보를 등기소에 제공해야 한다. ·· (○)

03 등기절차의 인수를 명하는 판결에 따라 승소한 등기의무자가 단독으로 등기를 신청하는 경우, 등기필정보를 등기소에 제공할 필요가 없다. ··············· (×)

04 소유권보존등기를 신청하는 경우 신청인은 등기소에 등기필정보를 제공하여야 한다. ·· (×)

05 지방자치단체가 등기권리자인 경우, 등기관은 등기필정보를 작성·통지하지 않는다. ·· (○)

06 승소한 등기의무자가 단독으로 등기신청을 한 경우 등기필정보를 등기권리자에게 통지하지 않아도 된다. ·· (○)

07 등기권리자의 채권자가 등기권리자를 대위하여 등기신청을 한 경우, 등기필정보는 그 대위채권자에게 통지된다. ·· (×)

기출문제

01 매매를 원인으로 한 토지소유권이전등기를 신청하는 경우에 부동산등기규칙상 신청정보의 내용으로 등기소에 제공해야 하는 사항으로 옳은 것은?   2022
① 등기권리자의 등기필정보
② 토지의 표시에 관한 사항 중 면적
③ 토지의 표시에 관한 사항 중 표시번호
④ 신청인이 법인인 경우에 그 대표자의 주민등록번호
⑤ 대리인에 의하여 등기를 신청하는 경우에 그 대리인의 주민등록번호

⊘정답 ②

02 등기필정보에 관한 설명으로 **틀린** 것은?   2019

① 승소한 등기의무자가 단독으로 등기신청을 한 경우 등기필정보를 등기권리자에게 통지하지 않아도 된다.

② 등기관이 새로운 권리에 관한 등기를 마친 경우 원칙적으로 등기필정보를 작성하여 등기권리자에게 통지해야 한다.

③ 등기권리자가 등기필정보를 분실한 경우, 관할등기소에 재교부를 신청할 수 있다.

④ 승소한 등기의무자가 단독으로 권리에 관한 등기를 신청하는 경우, 그의 등기필정보를 등기소에 제공해야 한다.

⑤ 등기관이 법원의 촉탁에 따라 가압류등기를 하기 위해 직권으로 소유권보존등기를 한 경우 소유자에게 등기필정보를 통지하지 않는다.

⊘ 정답 ③

03 등기소에 제공해야 하는 부동산등기의 신청정보와 첨부정보에 관한 설명으로 **틀린** 것은?   2024

① 등기원인을 증명하는 정보가 등기절차의 인수를 명하는 집행력 있는 판결인 경우, 승소한 등기의무자는 등기신청시 등기필정보를 제공할 필요가 없다.

② 대리인에 의하여 등기를 신청하는 경우, 신청정보의 내용으로 대리인의 성명과 주소를 제공해야 한다.

③ 매매를 원인으로 소유권이전등기를 신청하는 경우, 등기의무자의 주소 또는 사무소 소재지를 증명하는 정보를 제공해야 한다.

④ 등기상 이해관계 있는 제3자의 승낙이 필요한 경우, 이를 증명하는 정보 또는 이에 대항할 수 있는 재판이 있음을 증명하는 정보를 첨부정보로 제공해야 한다.

⑤ 첨부정보가 외국어로 작성된 경우에는 그 번역문을 붙여야 한다.

⊘ 정답 ①

필수테마 08 | 기타 첨부정보

핵심 정리

대장등본 − 소유권이전등기, 소유권보존등기, 부동산변경등기, 멸실등기

도면, 지적도

① 여러 개의 건물의 소유권보존등기신청 시 건물소재도 ○ (단, 건축물대장 제공 시 ×)

② 구분건물 소유권보존등기 ○ (단, 건축물대장 제공 시 ×)

③ 건물의 분할 · 구분 등기 ○

④ 부동산 일부에 용익물권, 임차권 ○ (토지 − 지적도, 건물 − 도면)

⑤ 부동산 일부에 용익물권이 있는 경우 그 부동산의 분할등기신청 시 − 도면첨부 ○

신청인 주소 증명서면

① 등기권리자(새로 등기명의인이 되는 경우로 한정한다)의 주소(또는 사무소 소재지) 및 주민등록번호(또는 부동산등기용등록번호)를 증명하는 정보

② 다만, 소유권이전등기를 신청하는 경우 또는 등기의무자의 동일성 확인이 필요한 경우에는 등기의무자의 주소(또는 사무소 소재지)를 증명하는 정보도 제공하여야 한다. (**판결, 경매, 촉탁등기 시에는 등기권리자의 것만**)

등기권리자	등록번호부여기관
국가, 지방자치단체, 국제기관, 외국정부	국토교통부장관이 지정 · 고시
법인	주된 사무소(외국법인의 경우에는 국내에 최초로 설치 등기를 한 영업소나 사무소) 소재지 관할 등기소의 등기관
법인 아닌 사단재단 (국내에 영업소나 사무소의 설치 등기를 하지 아니한 외국법인포함)	시장 · 군수 · 구청장 ○ (소재지관할 시장 · 군수 · 구청장 × 대표자 주소지관할 시장 · 군수 · 구청장 ×)
외국인	체류지관할 지방출입국 · 외국인관서의 장 (체류지없는 경우 대법원소재지를 체류지로 본다)
주민등록번호가 없는 재외국민	대법원소재지 관할등기소(＝현 서울중앙지방법원 등기국)의 등기관

지문비교

01 소유권이전등기신청 시 등기의무자의 주소증명정보는 등기소에 제공하지 않는다.
.... (×)

02 매매를 원인으로 소유권이전등기를 신청하는 경우, 등기의무자의 주소를 증명하는 정보도 제공하여야 한다. .... (○)

03 전세권설정범위가 건물 전부인 경우, 전세권설정등기 신청 시 건물도면을 첨부정보로서 등기소에 제공해야 한다. .... (×)

04 전세권설정범위가 건물 일부인 경우, 전세권설정등기 신청 시 건물도면을 첨부정보로서 등기소에 제공해야 한다. .... (○)

05 지상권설정등기를 신청할 때에 그 범위가 토지의 일부인 경우, 그 부분을 표시한 토지대장을 첨부정보로서 등기소에 제공하여야 한다. .... (×)

06 지상권설정등기를 신청할 때에 그 범위가 토지의 일부인 경우, 그 부분을 표시한 지적도를 첨부정보로서 등기소에 제공하여야 한다. .... (○)

07 토지에 대한 표시변경등기를 신청하는 경우, 등기원인을 증명하는 정보로서 토지대장 정보를 제공하면 된다. .... (○)

08 농지에 대한 소유권이전등기를 신청하는 경우, 등기원인을 증명하는 정보가 집행력 있는 판결인 때에는 특별한 사정이 없는 한 농지취득자격증명을 첨부하지 않아도 된다. .... (×)

09 등기원인을 증명하는 서면이 집행력 있는 판결인 때에도 농지에 대한 소유권이전등기를 신청하는 경우에는 농지취득자격증명을 첨부하여야 한다. .... (○)

기출문제

01 부동산등기용등록번호에 관한 설명으로 옳은 것은? 2016

① 법인의 등록번호는 주된 사무소 소재지를 관할하는 시장, 군수 또는 구청장이 부여한다.
② 주민등록번호가 없는 재외국민의 등록번호는 대법원 소재지 관할 등기소의 등기관이 부여한다.
③ 외국인의 등록번호는 체류지를 관할하는 시장, 군수 또는 구청장이 부여한다.
④ 법인 아닌 사단의 등록번호는 주된 사무소 소재지 관할 등기소의 등기관이 부여한다.
⑤ 국내에 영업소나 사무소의 설치 등기를 하지 아니한 외국법인의 등록번호는 국토교통부장관이 지정·고시한다.

해설 ① 주된 사무소 소재지 관할 등기소 등기관이 부여한다.
③ 체류지 관할 지방출입국 외국인관서의 장이 부여한다.
④ 시장·군수·구청장이 부여한다.
⑤ 법인 아닌 사단 또는 재단과 같이 시장·군수·구청장이 부여한다.

⊘정답 ②

02 등기절차에 관한 설명으로 옳은 것은? 2016

① 등기관의 처분에 대한 이의는 집행정지의 효력이 있다.
② 소유권이전등기신청 시 등기의무자의 주소증명정보는 등기소에 제공하지 않는다.
③ 지방자치단체가 등기권리자인 경우, 등기관은 등기필정보를 작성·통지하지 않는다.
④ 자격자대리인이 아닌 사람도 타인을 대리하여 전자신청을 할 수 있다.
⑤ 전세권설정범위가 건물 전부인 경우, 전세권설정등기 신청 시 건물도면을 첨부정보로서 등기소에 제공해야 한다.

해설 ① 집행정지 효력이 없다.
② 소유권이전등기신청 시에는 등기권리자뿐 아니라 등기의무자의 주소증명정보도 등기소에 제공한다.
④ 전자신청대리는 자격자 대리인에 한한다.
⑤ 부동산의 일부에 대한 전세권설정등기의 경우에 지적도나 건물도면을 제공하고 부동산 전부에 대한 전세권인 경우에는 도면을 제공하지 않는다.

⊘정답 ③

필수테마 09 | 이의신청

핵심 정리

1. 등기관의 결정 또는 처분이 부당할 때(부당은 처분 시를 기준으로 판단)
   ∴ 사후의 자료는 고려× (신사실이나 신증거방법으로는 이의제기 못함)
   - 이의신청의 기간제한 없음 / 이의신청에는 집행정지의 효력없음
   - 관할지방법원에 이의신청(구체적으로 결정 또는 처분을 한 등기관이 속한 등기소에 이의신청서 제출 또는 신청정보를 보내는 방법)
2. 소극적부당(각하) − 이해관계인은 이의 × / 사유불문하고 이의신청 가능
3. 적극적부당(실행) − 이해관계인도 이의 ○ / 제29조 1·2호만 이의신청 가능
4. 등기관 − 이유있다 − 등기실행 또는 직권말소
   − 이유없다 − 3일 이내 관할지방법원에 송부

지문비교

01 등기신청인이 아닌 제3자는 등기신청의 각하결정에 대하여 이의신청을 할 수 없다. .... (○)

02 등기관의 결정에 이의가 있는 자는 관할 지방법원에 이의신청을 할 수 있다. .... (○)

03 등기관의 처분이 부당하다고 하는 자는 관할 지방법원에 이의신청서를 제출함으로써 이의신청을 할 수 있다. .... (×)

04 등기관의 처분에 대한 당부의 판단은 이의심사 시를 기준으로 한다. .... (×)

05 등기관의 결정 또는 처분이 부당하여 이의신청을 하는 경우에는 이의신청서의 제출 시를 기준으로 그때까지 주장하거나 제출되지 아니한 사실이나 증거방법으로써 이의사유를 삼을 수 없다. .... (×)

06 등기관의 처분에 대한 이의신청이 있더라도 그 부동산에 대한 다른 등기신청은 수리된다. .... (○)

07 등기관의 처분에 대한 이의에는 집행정지의 효력이 없고, 기간의 제한도 없으므로 이의의 이익이 있는 한 언제라도 이의신청을 할 수 있다. .... (○)

08 이의신청은 서면으로 하여야 하며, 신청기간에 대해서는 아무런 제한이 없다. .... (○)

기출문제

01 등기관의 결정 또는 처분에 대한 이의에 관한 설명으로 틀린 것을 모두 고른 것은?

2021

> ㉠ 이의에는 집행정지의 효력이 있다.
> ㉡ 이의신청자는 새로운 사실을 근거로 이의신청을 할 수 있다.
> ㉢ 등기관의 결정에 이의가 있는 자는 관할 지방법원에 이의신청을 할 수 있다.
> ㉣ 등기관은 이의가 이유 없다고 인정하면 이의신청일로부터 3일 이내에 의견을 붙여 이의신청서를 이의신청자에게 보내야 한다.

① ㉠, ㉢   ② ㉡, ㉣   ③ ㉠, ㉡, ㉣

④ ㉠, ㉢, ㉣   ⑤ ㉡, ㉢, ㉣

[해설] ㉠ 이의에는 집행정지의 효력이 없다.
      ㉡ 이의신청자는 새로운 사실을 근거로 이의신청을 할 수 없다.
      ㉣ 등기관은 이의가 이유 없다고 인정하면 이의신청일로부터 3일 이내에 의견을 붙여 이의신청서 또는 이의신청 정보를 이의신청자가 아닌 관할 지방법원에 보내야 한다.

⚘ 정답 ③

02 등기관의 처분에 대한 이의신청에 관한 설명으로 틀린 것은?   2023 변형

① 등기신청인이 아닌 제3자는 등기신청의 각하결정에 대하여 이의신청을 할 수 없다.

② 이의신청은 대법원규칙으로 정하는 바에 따라 관할 지방법원에 이의신청서를 제출하거나 신청정보를 제공하는 방법으로 한다.

③ 이의신청기간에는 제한이 없으므로 이의의 이익이 있는 한 언제라도 이의신청을 할 수 있다.

④ 등기관의 처분시에 주장하거나 제출하지 아니한 새로운 사실을 근거로 이의신청을 할 수 없다.

⑤ 등기관의 처분에 대한 이의신청이 있더라도 그 부동산에 대한 다른 등기신청은 수리된다.

⚘ 정답 ②

필수테마 10 | 소유권보존등기

핵심 정리

미등기 부동산에 가압류, 가처분, 경매개시결정, 임차권등기명령 등(체납처분에 의한 압류×)이 촉탁되면 등기관은 직권으로 소유권보존등기를 실행하고 해당 처분제한등기나 임차권등기를 실행한다.

소유권증명서면(단독신청)
  토지 – 장 판 수
  건물 – 장 판 수 + 특·도, 시장, 군수 또는 구청장의 확인(사실확인서)

대장 – 대장상 최초 소유자 또는 포괄승계인 ○ (상속인, 포괄수증자, 합병 후 회사)
특정승계인(증여받은 자, 이전등록 받은 자) ×, 국으로부터 이전 받은 자 ○

판결 – 종류불문하고 최초소유자임을 증명하는 판결
  토지 – 국가 상대로 한 판결 ○
  건물 – 국가 또는 건축주(건축허가명의인)을 상대로 한 판결 ×

소유권보존등기 – 등기원인(일자) ×, 등기필정보 제공×, 인감증명 ×, 제3자 허가서 등 ×

지문비교

01 군수의 확인에 의해 미등기 건물이 자기의 소유임을 증명하는 자는 소유권보존등기를 신청할 수 있다. ··· (○)

02 미등기 토지에 대한 소유권을 군수의 확인에 의해 증명한 자는 그 토지에 대한 소유권보존등기를 신청할 수 있다. ··· (×)

03 등기관이 미등기 부동산에 관하여 과세관청의 촉탁에 따라 체납처분으로 인한 압류등기를 하기 위해서는 직권으로 소유권보존등기를 하여야 한다. ······· (×)

04 미등기 부동산에 관하여 과세관청의 촉탁에 따라 체납처분으로 인한 압류등기를 하기 위해서는 세무서장은 미리 관할 등기소에 소유권보존등기를 촉탁하여야 한다. ··· (○)

05 토지대장상 최초의 소유자인 甲의 미등기 토지가 상속된 경우, 甲명의로 보존등기를 한 후 상속인명의로 소유권이전등기를 한다. ·· (×)

06 토지대장상 최초의 소유자인 甲의 미등기 토지가 상속된 경우, 상속인명의로 소유권보존등기를 한다. ··· (○)

07 미등기 건물의 건축물대장상 소유자로부터 포괄유증을 받은 자는 자기 명의로 소유권보존등기를 신청할 수 있다. ··· (○)

08 토지에 대한 소유권보존등기의 경우, 등기원인과 그 연월일을 기록해야 한다. ·· (×)

기출문제

01 대장은 편성되어 있으나 미등기인 부동산의 소유권보존등기에 관한 설명으로 **틀린** 것은?   2022

① 등기관이 보존등기를 할 때에는 등기원인과 그 연월일을 기록해야 한다.

② 대장에 최초 소유자로 등록된 자의 상속인은 보존등기를 신청할 수 있다.

③ 수용으로 인하여 소유권을 취득하였음을 증명하는 자는 미등기 토지에 대한 보존등기를 신청할 수 있다.

④ 군수의 확인에 의해 미등기 건물에 대한 자기의 소유권을 증명하는 자는 보존등기를 신청할 수 있다.

⑤ 등기관이 법원의 촉탁에 따라 소유권의 처분제한의 등기를 할 때는 직권으로 보존등기를 한다.

해설 소유권보존등기의 경우 등기원인과 그 연월일을 기록하지 아니한다.

정답 ①

02 소유권보존등기에 관한 설명으로 옳은 것은? 2018

① 보존등기에는 등기원인과 그 연월일을 기록한다.
② 군수의 확인에 의하여 미등기 토지가 자기의 소유임을 증명하는 자는 보존등기를 신청할 수 있다.
③ 등기관이 미등기 부동산에 관하여 과세관청의 촉탁에 따라 체납처분으로 인한 압류등기를 하기 위해서는 직권으로 소유권보존등기를 하여야 한다.
④ 미등기 토지에 관한 소유권보존등기는 수용으로 인하여 소유권을 취득하였음을 증명하는 자도 신청할 수 있다.
⑤ 소유권보존등기를 신청하는 경우 신청인은 등기소에 등기필정보를 제공하여야 한다.

[해설] ① 소유권보존등기에는 등기원인과 그 연월일을 기록할 필요가 없다.
② 특별자치도지사, 시장, 군수, 구청장의 확인에 의하여 미등기 '건물'의 소유권보존등기를 신청할 수 있으나 '토지'는 할 수 없다.
③ 세무서장은 등기되지 아니한 부동산을 압류할 때에는 토지대장 등본, 건축물대장 등본 또는 부동산종합증명서를 갖추어 보존등기를 소관 등기소에 촉탁하여야 한다(국세징수법 제45조 제3항). 즉 등기관이 직권으로 소유권보존등기를 하여야 하는 것이 아니라 촉탁으로 실행된다.
⑤ 소유권보존등기를 신청하는 경우 등기필정보를 제공할 필요는 없다.

◎ 정답 ④

03 소유권보존등기에 관한 설명으로 틀린 것은? (다툼이 있으면 판례에 따름) 2016

① 甲이 신축한 미등기 건물을 甲으로부터 매수한 乙은 甲명의로 소유권보존등기 후 소유권이전등기를 해야 한다.
② 미등기 토지에 관한 소유권보존등기는 수용으로 인해 소유권을 취득했음을 증명하는 자도 신청할 수 있다.
③ 미등기 토지에 대해 소유권처분제한의 등기촉탁이 있는 경우, 등기관이 직권으로 소유권보존등기를 한다.
④ 본 건물의 사용에만 제공되는 부속건물도 소유자의 신청에 따라 본 건물과 별도의 독립건물로 등기할 수 있다.
⑤ 토지대장상 최초의 소유자인 甲의 미등기 토지가 상속된 경우, 甲명의로 보존등기를 한 후 상속인명의로 소유권이전등기를 한다.

[해설] 토지대장상 최초소유자인 甲이 사망하였으므로 甲명의로 소유권보존등기를 하지 않고 상속인이 직접 자기 명의로 소유권보존등기를 신청한다.

◎ 정답 ⑤

필수테마 11 | 소유권이전등기와 공동소유

핵심 정리

검인 대상인 등기
<u>계약 + 소유권이전등기</u> → **검인**계약서(판결서) 단, 실거래신고, 토지거래허가 시 검인의제
공유물분할계약, 양도담보계약, 명의신탁해지약정 등 검인 ○
상속, 수용, 경매, 진정명의회복, 취득시효 등 검인 ×

실거래가액등기: 매매계약서 + 소유권이전등기
→ **신청서기재 + 신고필증(매매목록) + 등기부갑구(권리자 및 기타 사항란)기재**

매매목록
원칙: 부동산 2개 이상 매매인 경우(단, 관할 구역이 달라 각각 신고한 경우에는 매매목록 ×)
예외: 1개라 하더라도 여러 사람 매도인과 여러 사람 매수인인 경우 매매목록 ○

1. **공유**: 지분 있음 – 공유자별 지분 등기 가능(신청정보에 지분표시)
   등기관이 소유권의 일부에 관한 이전등기를 할 때에는 이전되는 지분을 기록하여야 하고, 그 등기원인에 분할금지약정이 있을 때에는 그 약정에 관한 사항도 기록하여야 한다.
2. **합유**: 지분 있음 – 합유자별 지분 등기×(신청정보에 합유 뜻 기록)
   ① 민법상 조합 명의 × – 조합원 전원명의의 합유등기 ○
   ② 신탁등기의 수탁자가 여러명인 경우 – 수탁자 합유등기 ○
3. **총유**: 지분 없음 – 총유등기 없음(권리능력 없는 사단 또는 재단을 등기명의인으로 등기)

지문비교

01 등기부 갑구(甲區)의 등기사항 중 권리자가 2인 이상인 경우에는 권리자별 지분을 기록하여야 하고, 등기할 권리가 합유인 경우에는 그 뜻을 기록하여야 한다.
.... (○)

02 합유등기를 하는 경우 합유자의 이름과 각자의 지분비율이 기록되어야 한다.
.... (×)

03 합유자 중 1인이 다른 합유자 전원의 동의를 얻어 합유지분을 처분하는 경우, 지분이전등기를 신청할 수 없다. ……………………………………………… (○)

04 합유자는 전원의 동의를 얻으면 합유물에 대한 지분을 처분할 수 있으나 이는 합유명의인변경등기의 형식으로 실행한다. 따라서 합유자의 지분에 대한 이전등기나 합유지분에 대한 가압류 등기도 할 수 없다. ………………………………… (○)

05 공유물분할금지약정이 등기된 경우, 그 약정의 변경등기는 공유자 중 1인이 단독으로 신청할 수 있다. …………………………………………………… (×)

06 등기된 공유물분할금지기간약정을 갱신하는 경우, 이에 대한 변경등기는 공유자 전원이 공동으로 신청하여야 한다. …………………………………… (○)

07 공유물분할금지약정이 등기된 부동산의 경우에 그 약정상 금지기간 동안에는 그 부동산의 소유권 일부에 관한 이전등기를 할 수 없다. ………………… (×)

08 공유물분할금지약정이 등기된 부동산의 경우에 그 약정상 금지기간 동안에도 그 부동산의 소유권 일부에 관한 이전등기는 할 수 있다. ………………… (○)

09 등기관은 거래가액을 등기기록 중 갑구의 등기원인란에 기록하는 방법으로 등기한다. ……………………………………………………………………… (×)

10 등기관은 거래가액을 등기기록 중 갑구의 권리자 및 기타 사항란에 기록하는 방법으로 등기한다. ………………………………………………………… (○)

11 부동산 공유자의 공유지분 포기에 따른 등기는 해당 지분에 관하여 다른 공유자 앞으로 소유권이전등기를 하는 형태가 되어야 한다. ……………………… (○)

12 공유자 중 1인의 지분포기로 인한 소유권이전등기는 지분을 포기한 공유자가 단독으로 신청한다. …………………………………………………………… (×)

기출문제

01 2021년에 사인(私人) 간 토지소유권이전등기 신청 시, 등기원인을 증명하는 서면에 검인을 받아야 하는 경우를 모두 고른 것은? 2021

> ㉠ 임의경매 ㉡ 진정명의회복
> ㉢ 공유물분할합의 ㉣ 양도담보계약
> ㉤ 명의신탁해지약정

① ㉠, ㉡ ② ㉠, ㉢ ③ ㉡, ㉣
④ ㉢, ㉤ ⑤ ㉢, ㉣, ㉤

해설 계약의 종류를 불문하고 소유권이전등기를 신청하기 위해서는 계약서에 검인을 받아야 한다. 임의경매나 진정명의회복은 계약에 해당하지 않으므로 검인을 요하지 아니한다.

✅ **정답** ⑤

02 소유권에 관한 등기의 설명으로 옳은 것을 모두 고른 것은? 2021

> ㉠ 공유물분할금지약정이 등기된 부동산의 경우에 그 약정상 금지기간 동안에는 그 부동산의 소유권 일부에 관한 이전등기를 할 수 없다.
> ㉡ 2020년에 체결된 부동산매매계약서를 등기원인을 증명하는 정보로 하여 소유권이전등기를 신청하는 경우에는 거래가액을 신청정보의 내용으로 제공하여야 한다.
> ㉢ 거래가액을 신청정보의 내용으로 제공하는 경우, 1개의 부동산에 관한 여러 명의 매도인과 여러 명의 매수인 사이의 매매계약인 때에는 매매목록을 첨부정보로 제공하여야 한다.
> ㉣ 공유물분할금지약정이 등기된 경우, 그 약정의 변경등기는 공유자 중 1인이 단독으로 신청할 수 있다.

① ㉠, ㉡ ② ㉠, ㉢ ③ ㉡, ㉢
④ ㉡, ㉣ ⑤ ㉢, ㉣

해설 ㉠ 분할금지약정이 있어도 권리의 일부에 대한 이전등기는 가능하다.
㉣ 공유물분할금지약정의 변경은 공유자 전원의 공동신청에 의한다.

✅ **정답** ③

03 2022년에 체결된 「부동산 거래신고 등에 관한 법률」 제3조 제1항 제1호의 부동산 매매계약의 계약서를 등기원인증명서로 하는 소유권이전등기에 관한 설명으로 **틀린** 것은?   2022

① 신청인은 위 법률에 따라 신고한 거래가액을 신청정보의 내용으로 등기소에 제공해야 한다.

② 신청인은 시장·군수 또는 구청장이 제공한 거래계약신고필증정보를 첨부정보로서 등기소에 제공해야 한다.

③ 신고 관할관청이 같은 거래부동산이 2개 이상인 경우, 신청인은 매매목록을 첨부정보로서 등기소에 제공해야 한다.

④ 거래부동산이 1개라 하더라도 여러 명의 매도인과 여러명의 매수인 사이의 매매계약인 경우에는 매매목록을 첨부정보로서 등기소에 제공해야 한다.

⑤ 등기관은 거래가액을 등기기록 중 갑구의 등기원인란에 기록하는 방법으로 등기한다.

> 해설 1. 매매목록의 제공이 필요 없는 경우 : 등기기록 중 갑구의 권리자 및 기타사항란에 거래가액을 기록하는 방법
>   2. 매매목록이 제공된 경우 : 거래가액과 부동산의 표시를 기록한 매매목록을 전자적으로 작성하여 번호를 부여하고 등기기록 중 갑구의 권리자 및 기타사항란에 그 매매목록의 번호를 기록하는 방법

> ⓒ 정답 ⑤

04 소유권에 관한 등기의 설명으로 옳은 것을 모두 고른 것은?   2020

> ㉠ 등기관이 소유권보존등기를 할 때에는 등기원인의 연월일을 기록한다.
> ㉡ 등기관이 미등기부동산에 대하여 법원의 촉탁에 따라 소유권의 처분제한의 등기를 할 때에는 직권으로 소유권보존등기를 한다.
> ㉢ 등기관이 소유권의 일부에 관한 이전등기를 할 때에는 이전되는 지분을 기록하여야 하고, 그 등기원인에 분할금지약정이 있을 때에는 그 약정에 관한 사항도 기록하여야 한다.

① ㉠   ② ㉡   ③ ㉠, ㉡
④ ㉠, ㉢   ⑤ ㉡, ㉢

> 해설 ㉠ 소유권보존등기를 할 때 등기원인과 그 연월일은 기록하지 아니한다.

> ⓒ 정답 ⑤

05 공유에 관한 등기에 대한 설명으로 옳은 것은? (다툼이 있으면 판례에 따름) 2019

① 미등기 부동산의 공유자 중 1인은 전체 부동산에 대한 소유권보존등기를 신청할 수 없다.

② 공유자 중 1인의 지분포기로 인한 소유권이전등기는 지분을 포기한 공유자가 단독으로 신청한다.

③ 등기된 공유물 분할금지기간 약정을 갱신하는 경우, 공유자 중 1인이 단독으로 변경을 신청할 수 있다.

④ 건물의 특정부분이 아닌 공유지분에 대한 전세권설정등기를 할 수 있다.

⑤ 1필의 토지 일부를 특정하여 구분소유하기로 하고 1필지 전체에 공유지분등기를 마친 경우 대외관계에서는 1필지 전체에 공유관계가 성립한다.

해설 ① 공유자 중 1인이 전체 부동산에 대하여 공유자 전원명의의 소유권보존등기를 신청할 수 있다.
② 공유자 1인의 지분포기로 인한 소유권이전등기는 공동신청에 의한다.
③ 공유물분할금지기간의 약정을 변경하는 경우는 공동신청에 의한다.
④ 공유지분에 대한 전세권설정등기는 할 수 없고 건물의 특정부분에 대한 전세권설정등기는 할 수 있다.

⊘ 정답 ⑤

06 합유등기에 관한 설명으로 틀린 것은?   2019

① 민법상 조합의 소유인 부동산을 등기할 경우, 조합원 전원의 명의로 합유등기를 한다.

② 합유등기를 하는 경우 합유자의 이름과 각자의 지분비율이 기록되어야 한다.

③ 2인의 합유자 중 1인이 사망한 경우, 잔존 합유자는 그의 단독소유로 합유명의인 변경등기신청을 할 수 있다.

④ 합유자 중 1인이 다른 합유자 전원의 동의를 얻어 합유지분을 처분하는 경우, 지분이전등기를 신청할 수 없다.

⑤ 공유자 전원이 그 소유관계를 합유로 변경하는 경우, 변경계약을 등기원인으로 변경등기를 신청해야 한다.

해설 민법상 합유물에 대하여는 합유자의 지분은 있지만 합유등기에 있어서는 등기부상 각 합유자의 지분을 표시하지 아니한다(등기예규 제911호).

⊘ 정답 ②

필수테마 12 | 소유권이전등기(수용, 진정명의회복, 환매특약)

핵심 정리

1. 수용을 원인으로 하는 소유권이전등기
가. 수용 − 단독신청(등기원인 − 토지수용, 원인일자 − 수용개시일)
나. 직권말소(단, 제외: 요역지지역권, 수용개시일전 상속 원인 소유권이전등기)
다. 관공서가 사업시행자인 경우 − 촉탁
라. 수용재결의 실효 − 공동신청 말소

2. 진정명의회복을 원인으로 하는 소유권이전등기
가. 진정명의회복을 원인으로 하는 소유권이전등기를 신청하는 경우, 그 신청정보에 등기원인은 진정명의회복으로 기재하나, 등기원인일자는 기재하지 않는다.
나. 진정명의회복을 원인으로 하는 소유권이전등기를 신청하는 경우 토지거래허가증이나 농지취득자격증명을 요하지 않으며 검인도 받을 필요가 없다.

3. 환매특약과 소유권이전등기
가. 환매특약등기신청서와 소유권이전등기신청서는 별개로 작성하여 동시신청
나. 환매특약등기의 등기권리자는 매도인, 등기의무자는 매수인
다. 환매권을 행사한 경우 환매를 원인으로 하는 소유권이전등기를 공동신청하면 이를 실행하는 등기관은 환매특약등기를 직권으로 말소

지문비교

01 수용으로 인한 소유권이전등기를 하는 경우, 등기권리자는 그 목적물에 설정되어 있는 근저당권설정등기의 말소등기를 단독으로 신청하여야 한다. ……………(×)

02 수용으로 인한 소유권이전등기를 하는 경우, 그 목적물에 설정되어 있는 소유권 외 권리의 등기는 등기관이 직권으로 말소한다. ……………………………(○)

03 수용으로 인한 소유권이전등기를 하는 경우, 특별한 사정이 없는 한 그 부동산의 등기기록 중 근저당권등기는 직권으로 말소하여야 한다. ………………………(○)

04 수용으로 인한 소유권이전등기는 토지수용위원회의 재결서를 등기원인증서로 첨부하여 사업시행자가 단독으로 신청할 수 있다. ……………………………… (○)

05 등기관은 재결수용으로 인한 소유권이전등기를 하는 경우에 그 부동산을 위하여 존재하는 지역권의 등기를 직권으로 말소하여야 한다. ……………………… (×)

06 등기관은 재결수용으로 인한 소유권이전등기를 하는 경우에 그 부동산을 위하여 존재하는 지역권의 등기는 직권으로 말소대상이 아니다. ………………… (○)

07 수용으로 인한 소유권이전등기신청서에 등기원인은 토지수용으로, 그 연월일은 수용의 재결일로 기재해야 한다. ……………………………………………… (×)

08 수용으로 인한 소유권이전등기신청서에 등기원인은 토지수용으로, 그 연월일은 수용의 개시일로 기재해야 한다. ……………………………………………… (○)

09 수용으로 인한 소유권이전등기가 된 후 토지수용위원회의 재결이 실효된 경우, 그 소유권이전등기의 말소등기는 원칙으로 공동신청에 의한다. …………… (○)

10 수용으로 인한 소유권이전등기 완료 후 수용재결의 실효로 그 말소등기를 신청하는 경우, 피수용자 단독으로 기업자명의의 소유권이전등기 말소등기신청을 할 수 없다. ……………………………………………………………………………… (○)

11 진정명의회복을 원인으로 하는 소유권이전등기를 신청하는 경우 토지거래허가증이나 농지취득자격증명을 요하지 않으며 검인도 받을 필요가 없다. ……… (○)

12 토지거래허가의 대상이 되는 토지에 관하여 진정명의회복을 원인으로 하는 소유권이전등기를 신청하는 경우에는 토지거래허가증을 첨부해야 한다. ……… (×)

13 진정명의회복을 위한 소유권이전등기청구소송에서 승소확정판결을 받은 자는 그 판결을 등기원인으로 하여 현재 등기명의인의 소유권이전등기에 대하여 말소등기를 신청할 수는 없다. ……………………………………………………………… (○)

14 환매등기의 경우 매도인이 아닌 제3자를 환매권리자로 하는 환매등기를 할 수 있다. ………………………………………………………………………………… (×)

15 환매등기의 경우 환매권리자는 매도인에 국한 되는 것이므로 제3자를 환매권리자로 하는 환매등기는 이를 할 수 없다. ……………………………………… (○)

기출문제

01 부동산등기에 관한 설명으로 옳은 것을 모두 고른 것은?   2020

> ㉠ 국가 및 지방자치단체에 해당하지 않는 등기권리자는 재결수용으로 인한 소유권이전등기를 단독으로 신청할 수 있다.
>
> ㉡ 등기관은 재결수용으로 인한 소유권이전등기를 하는 경우에 그 부동산을 위하여 존재하는 지역권의 등기를 직권으로 말소하여야 한다.
>
> ㉢ 관공서가 공매처분을 한 경우에 등기권리자의 청구를 받으면 지체 없이 공매처분으로 인한 권리이전의 등기를 등기소에 촉탁하여야 한다.
>
> ㉣ 등기 후 등기사항에 변경이 생겨 등기와 실체관계가 일치하지 않을 때는 경정등기를 신청하여야 한다.

① ㉠, ㉢   ② ㉠, ㉣   ③ ㉡, ㉢
④ ㉠, ㉡, ㉣   ⑤ ㉡, ㉢, ㉣

⌾ 정답 ①

02 수용으로 인한 등기에 관한 설명으로 옳은 것을 모두 고른 것은?   2019

> ㉠ 수용으로 인한 소유권이전등기는 토지수용위원회의 재결서를 등기원인증서로 첨부하여 사업시행자가 단독으로 신청할 수 있다.
>
> ㉡ 수용으로 인한 소유권이전등기신청서에 등기원인은 토지수용으로, 그 연월일은 수용의 재결일로 기재해야 한다.
>
> ㉢ 수용으로 인한 등기신청 시 농지취득자격증명을 첨부해야 한다.
>
> ㉣ 등기권리자의 단독신청에 따라 수용으로 인한 소유권이전등기를 하는 경우, 등기관은 그 부동산을 위해 존재하는 지역권의 등기를 직권으로 말소해서는 안 된다.
>
> ㉤ 수용으로 인한 소유권이전등기가 된 후 토지수용위원회의 재결이 실효된 경우, 그 소유권이전등기의 말소등기는 원칙으로 공동신청에 의한다.

① ㉠, ㉡, ㉢   ② ㉠, ㉢, ㉣   ③ ㉠, ㉣, ㉤
④ ㉡, ㉢, ㉤   ⑤ ㉡, ㉣, ㉤

해설 ㉡ 수용으로 인한 소유권이전등기신청서에 등기원인은 토지수용으로, 그 연월일은 수용의 <u>개시일</u>을 기재하여야 한다.
㉢ 수용으로 인한 소유권이전등기신청의 경우 농지취득자격증명은 첨부할 필요가 없다.

⌾ 정답 ③

03 진정명의회복을 위한 소유권이전등기에 관한 설명으로 옳은 것을 모두 고른 것은?

2024

> ㉠ 진정명의회복을 원인으로 하는 소유권이전등기를 신청하는 경우, 그 신청정보에 등기원인일자는 기재하지 않는다.
> ㉡ 토지거래허가의 대상이 되는 토지에 관하여 진정명의회복을 원인으로 하는 소유권이전등기를 신청하는 경우에는 토지거래허가증을 첨부해야 한다.
> ㉢ 진정명의회복을 위한 소유권이전등기청구소송에서 승소확정판결을 받은 자는 그 판결을 등기원인으로 하여 현재 등기명의인의 소유권이전등기에 대하여 말소등기를 신청할 수는 없다.

① ㉠   ② ㉡   ③ ㉠, ㉢
④ ㉡, ㉢   ⑤ ㉠, ㉡, ㉢

✅ 정답 ③

04 환매특약 등기에 관한 설명으로 틀린 것은?

2024

① 매매로 인한 소유권이전등기의 신청과 환매특약등기의 신청은 동시에 하여야 한다.
② 환매등기의 경우 매도인이 아닌 제3자를 환매권리자로 하는 환매등기를 할 수 있다.
③ 환매특약등기에 처분금지적 효력은 인정되지 않는다.
④ 매매목적물의 소유권의 일부 지분에 대한 환매권을 보류하는 약정을 맺은 경우, 환매특약등기 신청은 할 수 없다.
⑤ 환매기간은 등기원인에 그 사항이 정하여져 있는 경우에만 기록한다.

✅ 정답 ②

필수테마 13 | 신탁등기

핵심 정리

1. 소유권이전등기와 **동시신청**(1건의 동일한 신청정보) − 단 대위신청의 경우 예외 (대위신 청의 경우에도 동시에 동일한 신청정보 ×)
2. **주등기** − **하나**의 순위번호(부기등기, 별개의 순위번호 ×)
3. 신탁등기와 신탁등기 말소등기는 수탁자 **단독신청**(위탁자와 수탁자의 공동신청 ×)
4. 수탁자가 여러명인 경우 **합유등기**(공유등기 ×)

법원은 수탁자의 해임의 재판, 신탁 변경의 재판을 한 경우 지체 없이 <u>신탁원부 기록의 변경 등기를 등기소에 촉탁하여야 한다.</u> ***
등기관이 신탁재산에 속하는 부동산에 관한 권리에 대하여 수탁자의 변경으로 인한 이전등 기를 할 경우 <u>직권으로</u> 그 부동산에 관한 <u>신탁원부 기록의 변경등기를 하여야 한다.</u>

지문비교

01 수탁자가 여러 명인 경우 등기관은 신탁재산이 공유인 뜻을 등기부에 기록하여 야 한다. ·· (×)

02 수탁자가 여러 명인 경우 등기관은 신탁재산이 합유인 뜻을 등기부에 기록하여 야 한다. ·· (○)

03 신탁재산의 일부가 처분되어 권리이전등기와 함께 신탁등기의 변경등기를 할 경 우, 각기 다른 순위번호를 사용한다. ································· (×)

04 신탁재산의 일부가 처분되었거나, 신탁의 일부가 종료되어 권리이전등기와 함께 신탁의 변경등기를 할 때에는 하나의 순위번호를 사용한다. ················· (○)

05 법원이 신탁 변경의 재판을 한 경우 수탁자는 지체 없이 신탁원부 기록의 변경등 기를 신청하여야 한다. ·· (×)

06 법원이 신탁관리인 선임의 재판을 한 경우, 그 신탁관리인은 지체 없이 신탁원부 기록의 변경등기를 신청해야 한다. ····································· (×)

07 법원이 수탁자해임의 재판, 신탁변경의 재판, 신탁관리인의 선임 또는 해임의 재판을 한 경우 지체 없이 신탁원부 기록의 변경등기를 등기소에 촉탁하여야 한다. ·· (○)

08 여러 명의 수탁자 중 1인의 임무종료로 인한 합유명의인 변경등기를 한 경우에는 등기관은 직권으로 신탁원부 기록을 변경해야 한다. ······················ (○)

09 신탁재산이 수탁자의 고유재산이 되었을 때에는 그 뜻의 등기를 부기등기로 하여야 한다. ··· (×)

10 신탁재산이 수탁자의 고유재산이 되었을 때에는 그 뜻의 등기를 주등기로 하여야 한다. ··· (○)

기출문제

01 신탁등기에 관한 설명으로 틀린 것은? 2016
① 신탁등기 시 수탁자가 甲과 乙인 경우, 등기관은 신탁재산이 甲과 乙의 합유인 뜻을 기록해야 한다.
② 등기관이 수탁자의 고유재산으로 된 뜻의 등기와 함께 신탁등기의 말소등기를 할 경우, 하나의 순위번호를 사용한다.
③ 수탁자의 신탁등기 신청은 해당 부동산에 관한 권리의 설정등기, 보존등기, 이전등기 또는 변경등기의 신청과 동시에 해야 한다.
④ 신탁재산의 일부가 처분되어 권리이전등기와 함께 신탁등기의 변경등기를 할 경우, 각기 다른 순위번호를 사용한다.
⑤ 신탁등기의 말소등기신청은 권리의 이전 또는 말소등기나 수탁자의 고유재산으로 된 뜻의 등기신청과 함께 1건의 신청정보로 일괄하여 해야 한다.

해설 하나의 순위번호를 사용한다.

정답 ④

02 신탁등기에 관한 설명으로 틀린 것은? 　　2015

① 신탁의 일부가 종료되어 권리이전등기와 함께 신탁등기의 변경등기를 할 때에는 하나의 순위번호를 사용한다.
② 신탁재산에 속하는 부동산의 신탁등기는 수탁자가 단독으로 신청한다.
③ 신탁재산이 수탁자의 고유재산이 되었을 때에는 그 뜻의 등기를 부기등기로 하여야 한다.
④ 신탁가등기의 등기신청도 가능하다.
⑤ 신탁등기의 신청은 해당 신탁으로 인한 권리의 이전 또는 보존이나 설정등기의 신청과 함께 1건의 신청정보로 일괄하여 하여야 한다.

[해설] 주등기로 실행한다.

✅정답 ③

03 부동산등기법상 신탁등기에 관한 설명으로 옳은 것을 모두 고른 것은? 　　2021

> ㉠ 법원이 신탁 변경의 재판을 한 경우 수탁자는 지체 없이 신탁원부 기록의 변경등기를 신청하여야 한다.
> ㉡ 신탁재산이 수탁자의 고유재산이 되었을 때에는 그 뜻의 등기를 주등기로 하여야 한다.
> ㉢ 등기관이 신탁재산에 속하는 부동산에 관한 권리에 대하여 수탁자의 변경으로 인한 이전등기를 할 경우에는 직권으로 그 부동산에 관한 신탁원부 기록의 변경등기를 하여야 한다.
> ㉣ 수익자가 수탁자를 대위하여 신탁등기를 신청하는 경우에는 해당 부동산에 관한 권리의 설정등기의 신청과 동시에 하여야 한다.

① ㉠, ㉡　　　　② ㉡, ㉢　　　　③ ㉢, ㉣
④ ㉠, ㉡, ㉣　　⑤ ㉠, ㉢, ㉣

[해설] ㉠ 법원이 신탁변경의 재판을 한 경우는 수탁자의 단독신청이 아닌 법원의 촉탁으로 신탁원부의 기록변경등기를 실행한다.
㉣ 위탁자나 수익자가 수탁자를 대위하여 신탁등기를 신청하는 경우는 동시신청에 대한 예외에 해당한다.

✅정답 ②

필수테마 14 | 용익권 등기

핵심 정리

등기의 종류	필요적 사항	임의적 사항
지상권설정등기	목적, 범위	존속기간, 지료와 지급시기
지역권설정등기	요역지·승역지, 목적, 범위	요역지에 수반하지 않는다는 약정, 공작물 설치의무 부담 약정 등 (지료 ×)
전세권설정등기	전세금, 범위	존속기간, 위약금, 양도 또는 전대 금지특약

지문비교

01 승역지의 지상권자는 그 토지 위에 지역권을 설정할 수 있는 등기의무자가 될 수 없다. ··· (×)

02 지상권자는 그 권리의 범위 내에서 그 목적인 토지를 위하여 또는 그 토지 위에 지역권설정을 할 수 있는 것이다. ··· (○)

03 승역지에 지역권설정등기를 한 경우, 요역지의 등기기록에는 그 승역지를 기록할 필요가 없다. ··· (×)

04 등기관이 승역지에 지역권설정등기를 하였을 때에는 직권으로 요역지의 등기기록에 승역지, 지역권설정의 목적, 범위 등을 기록하여야 한다. ················· (○)

05 전세권이 소멸하기 전에 전세금반환채권의 일부양도에 따른 전세권일부이전등기를 신청할 수 있다. ·· (×)

06 전세금반환채권의 일부양도에 따른 전세권 일부이전등기의 신청은 전세권의 존속기간의 만료 전에는 할 수 없다. 다만, 존속기간 만료 전이라도 해당 전세권이 소멸하였음을 증명하여 신청하는 경우에는 그러하지 아니하다. ················· (○)

07 1필 토지 전부에 지상권설정등기를 하는 경우, 지상권설정의 범위를 기록하지 않는다. ·· (×)

08 지역권의 경우, 승역지의 등기기록에 설정의 목적, 범위 등을 기록할 뿐, 요역지의 등기기록에는 지역권에 관한 등기사항을 기록하지 않는다. ················ (×)

09 전세권의 존속기간이 만료된 경우, 그 전세권설정등기를 말소하지 않고 동일한 범위를 대상으로 하는 다른 전세권 설정등기를 할 수 있다. ················ (×)

10 2개의 목적물에 하나의 전세권설정계약으로 등기를 하는 경우, 공동전세목록을 작성하지 않는다. ··· (○)

11 차임이 없이 보증금의 지급만을 내용으로 하는 채권적 전세의 경우, 임차권설정 등기기록에 차임 및 임차보증금을 기록하지 않는다. ································ (×)

12 차임을 정하지 아니하고 보증금의 지급만을 내용으로 하는 임대차(소위 채권적 전세)계약을 체결한 경우에도 그 임차권설정등기를 신청할 수 있을 것이나, 다만 그 등기신청서에는 차임을 기재하는 대신 임차보증금을 기재하여야 할 것이다. ··· (○)

13 임차권등기명령에 의한 주택임차권등기가 마쳐진 경우, 그 등기에 기초한 임차권 이전등기를 할 수 있다. ··· (×)

14 임대차의 존속기간이 만료된 경우와 주택임차권등기 및 상가건물임차권등기가 경료된 경우에는, 그 등기에 기초한 임차권이전등기나 임차물전대등기를 할 수 없다. ·· (○)

기출문제

01 지역권등기에 관한 설명으로 틀린 것은?   2013

① 등기관이 승역지의 등기기록에 지역권설정의 등기를 할 때에는 지역권설정의 목적을 기록하여야 한다.

② 요역지의 소유권이 이전되면 지역권은 별도의 등기 없이 이전된다.

③ 지역권설정등기는 승역지 소유자를 등기의무자, 요역지소유자를 등기권리자로 하여 공동으로 신청함이 원칙이다.

④ 지역권설정등기 시 요역지지역권의 등기사항은 등기관이 직권으로 기록하여야 한다.

⑤ 승역지의 지상권자는 그 토지 위에 지역권을 설정할 수 있는 등기의무자가 될 수 없다.

[해설] 지상권자는 그 권리의 범위 내에서 그 목적인 토지를 위하여 또는 그 토지 위에 지역권설정을 할 수 있는 것이다(등기예규 제205호).

◎ 정답 ⑤

02 전세권등기에 관한 설명으로 틀린 것은?   2022

① 전세권설정등기를 하는 경우, 등기관은 전세금을 기록해야 한다.

② 전세권의 사용·수익 권능을 배제하고 채권담보만을 위해 전세권을 설정한 경우, 그 전세권설정등기는 무효이다.

③ 집합건물에 있어서 특정 전유부분의 대지권에 대하여는 전세권설정등기를 할 수가 없다.

④ 전세권의 목적인 범위가 건물의 일부로서 특정 층 전부인 경우에는 전세권설정등기 신청서에 그 층의 도면을 첨부해야 한다.

⑤ 乙 명의의 전세권등기와 그 전세권에 대한 丙 명의의 가압류가 순차로 마쳐진 甲 소유 부동산에 대하여 乙 명의의 전세권등기를 말소하라는 판결을 받았다고 하더라도 그 판결에 의하여 전세권말소등기를 신청할 때에는 丙의 승낙서 또는 丙에게 대항할 수 있는 재판의 등본을 첨부해야 한다.

[해설] 전세권의 목적인 범위가 건물의 일부로서 특정 층 전부인 경우에는 전세권설정등기 신청서에 그 층의 도면을 첨부할 필요가 없다.

◎ 정답 ④

03 甲은 乙과 乙 소유 A건물 전부에 대해 전세금 5억원, 기간 2년으로 하는 전세권설정계약을 체결하고 공동으로 전세권설정등기를 신청하였다. 이에 관한 설명으로 **틀린** 것은?

① 등기관은 전세금을 기록하여야 한다.

② 등기관은 존속기간을 기록하여야 한다.

③ 전세권설정등기가 된 후, 전세금반환채권의 일부 양도를 원인으로 한 전세권 일부이전등기를 할 때에 등기관은 양도액을 기록한다.

④ 전세권설정등기가 된 후에 건물전세권의 존속기간이 만료되어 법정갱신이 된 경우, 甲은 존속기간 연장을 위한 변경등기를 하지 않아도 그 전세권에 대한 저당권설정등기를 할 수 있다.

⑤ 전세권설정등기가 된 후에 甲과 丙이 A건물의 일부에 대한 전전세계약에 따라 전전세등기를 신청하는 경우, 그 부분을 표시한 건물도면을 첨부정보로 등기소에 제공하여야 한다.

해설 ④ 민법 제187조 단서에 따라 등기하여야 처분할 수 있다. 즉 전세권에 대한 저당권설정등기는 그 전세권에 대한 처분이므로 변경등기를 미리 선행해야 할 수 있다.

✅ 정답 ④

04 다음 중 등기원인에 약정이 있더라도 등기기록에 기록할 수 없는 사항은?

① 지상권의 존속기간   ② 지역권의 지료

③ 전세권의 위약금   ④ 임차권의 차임지급시기

⑤ 저당권부 채권의 이자지급장소

✅ 정답 ②

05 임차권등기에 관한 설명으로 옳은 것을 모두 고른 것은?

> ㉠ 임차권설정등기가 마쳐진 후 임대차 기간 중 임대인의 동의를 얻어 임차물을 전대하는 경우, 그 전대등기는 부기등기의 방법으로 한다.
>
> ㉡ 임차권등기명령에 의한 주택임차권등기가 마쳐진 경우, 그 등기에 기초한 임차권이전등기를 할 수 있다.
>
> ㉢ 미등기 주택에 대하여 임차권등기명령에 의한 등기촉탁이 있는 경우, 등기관은 직권으로 소유권보존등기를 한 후 주택임차권등기를 해야 한다.

✅ 정답 ㉠, ㉢

필수테마 15 | 담보권 등기

핵심 정리

등기의 종류	필요적 사항	임의적 사항
저당권설정등기	채권액, 채무자	변제기, 이자 및 그 발생기·지급시기·지급장소 등의 약정 채무불이행으로 인한 손해배상에 관한 약정
근저당권설정등기	채권최고액, 채무자	존속기간(변제기 ×, 이자 ×)
권리질권등기	채권액 또는 채권최고액, 채무자, 저당권의 표시	변제기, 이자의 약정

지문비교

01 일정한 금액을 목적으로 하지 아니하는 채권을 담보하기 위한 저당권설정등기는 불가능하다. ·· (×)

02 일정한 금액을 목적으로 하지 않는 채권을 담보하기 위한 저당권설정등기를 신청하는 경우, 그 채권의 평가액을 신청정보의 내용으로 등기소에 제공하여야 한다. ·· (○)

03 근저당권설정등기 신청서에 변제기 및 이자를 기재하여야 한다. ············· (×)

04 근저당권의 약정된 존속기간은 등기사항이 아니다. ································ (×)

05 피담보채권의 변제기는 근저당권등기의 등기사항이 아니다. ··················· (○)

06 피담보채권의 변제기는 저당권등기의 등기사항이다. ······························ (○)

07 채권자가 수인인 근저당권의 설정등기를 할 경우, 각 채권자별로 채권최고액을 구분하여 등기부에 기록한다. ·· (×)

08 근저당설정등기를 함에 있어 그 근저당권의 채권자 또는 채무자가 수인일지라도 단일한 채권최고액만을 기록하여야 하고, 각 채권자 또는 채무자별로 채권최고액을 구분하여 기록할 수 없다. ··· (○)

09 채무자의 성명, 주소 및 주민등록번호를 등기기록에 기록하여야 한다. ···· (×)

10 선순위근저당권의 채권최고액을 감액하는 변경등기는 그 저당목적물에 관한 후순위권리자의 승낙서가 첨부되지 않더라도 할 수 있다. ·················· (○)

11 등기관이 공동저당의 설정등기를 하는 경우, 공동저당의 목적이 된 부동산이 3개일 때에는 등기관은 공동담보목록을 전자적으로 작성해야 한다. ············· (×)

12 등기관이 공동저당의 설정등기를 하는 경우, 각 부동산의 등기기록에 그 부동산에 관한 권리가 다른 부동산에 관한 권리와 함께 저당권의 목적으로 제공된 뜻을 기록하여야 하며 공동저당의 목적이 된 부동산이 5개 이상일 때에는 등기관은 공동담보목록을 작성해야 한다. ··· (○)

기출문제

01 저당권의 등기절차에 관한 설명으로 틀린 것은? 　2017

① 일정한 금액을 목적으로 하지 않는 채권을 담보하기 위한 저당권설정등기를 신청하는 경우, 그 채권의 평가액을 신청정보의 내용으로 등기소에 제공하여야 한다.
② 저당권의 이전등기를 신청하는 경우, 저당권이 채권과 같이 이전한다는 뜻을 신청정보의 내용으로 등기소에 제공하여야 한다.
③ 채무자와 저당권설정자가 동일한 경우에도 등기기록에 채무자를 표시하여야 한다.
④ 3개의 부동산이 공동담보의 목적물로 제공되는 경우, 등기관은 공동담보목록을 작성하여야 한다.
⑤ 피담보채권의 일부양도를 이유로 저당권의 일부이전등기를 하는 경우, 등기관은 그 양도액도 기록하여야 한다.

해설 ④ 3개가 아닌 5개 이상의 부동산이 공동담보의 목적물인 경우 공동담보목록을 작성한다.

⊘ 정답 ④

02 담보물권에 관한 등기에 대한 설명으로 옳은 것은?   2018

① 민법상 조합 자체를 채무자로 표시하여 근저당설정등기를 할 수 없다.

② 근저당권의 존속기간은 등기할 수 없다.

③ 채무자 변경을 원인으로 하는 저당권변경등기는 변경 전 채무자를 등기권리자로, 변경 후 채무자를 등기의무자로 하여 공동으로 신청한다.

④ 근저당권설정등기 신청서에 변제기 및 이자를 기재하여야 한다.

⑤ 민법상 저당권부 채권에 대한 질권을 설정함에 있어서 채권최고액은 등기할 수 없다.

해설 민법상 조합은 등기명의인이 될 수 없으며 저당권설정등기의 채무자로 표시하여 등기할 수도 없다.
② 근저당권의 존속기간은 임의적 기록사항으로 약정이 있으면 등기한다.
③ 채무자 변경의 저당권변경등기의 등기권리자는 저당권자, 등기의무자는 저당권설정자이다.
④ 변제기 및 이자는 근저당권이 아닌 저당권설정등기의 임의적 기록사항이다.
⑤ 권리질권의 필요적 기록사항은 채권액(또는 채권최고액)과 채무자이다.

✔ 정답 ①

03 근저당권등기에 관한 설명으로 옳은 것은?   2020

① 근저당권의 약정된 존속기간은 등기사항이 아니다.

② 피담보채권의 변제기는 등기사항이 아니다.

③ 지연배상액은 등기하였을 경우에 한하여 근저당권에 의해 담보된다.

④ 1번 근저당권의 채권자가 여러 명인 경우, 그 근저당권설정등기의 채권최고액은 각 채권자별로 구분하여 기재한다.

⑤ 채권자가 등기절차에 협력하지 아니한 채무자를 피고로 하여 등기절차의 이행을 명하는 확정판결을 받은 경우, 채권자는 채무자와 공동으로 근저당권설정등기를 신청하여야 한다.

해설 ① 근저당권의 약정된 존속기간은 임의적 기록사항에 해당하는 등기사항이다.
③ 지연배상액은 근저당권설정등기의 기록사항에 해당하지 않는다.
④ 1번 근저당권의 채권자가 여러 명인 경우, 그 근저당권설정등기의 채권최고액은 각 채권자별로 구분하여 기록하지 아니한다.
⑤ 저당권자가 등기절차에 협력하지 아니한 저당권설정자를 피고로 하여 등기절차의 이행을 명하는 확정판결을 받은 경우, 채권자는 단독으로 근저당권설정등기를 신청할 수 있다.

✔ 정답 ②

04 부동산 공동저당의 등기에 관한 설명으로 옳은 것을 모두 고른 것은?   2024

> ㉠ 공동저당의 설정등기를 신청하는 경우, 각 부동산에 관한 권리의 표시를 신청
> 정보의 내용으로 등기소에 제공해야 한다.
> ㉡ 등기관이 공동저당의 설정등기를 하는 경우, 각 부동산의 등기기록 중 해당
> 등기의 끝부분에 공동담보라는 뜻의 기록을 해야 한다.
> ㉢ 등기관이 공동저당의 설정등기를 하는 경우, 공동저당의 목적이 된 부동산이
> 3개일 때에는 등기관은 공동담보목록을 전자적으로 작성해야 한다.

① ㉠   ② ㉢   ③ ㉠, ㉡
④ ㉡, ㉢   ⑤ ㉠, ㉡, ㉢

◎ 정답 ③

필수테마 16 | 부기등기

핵심 정리

1. 등기명의인표시의 변경(경정)등기 - 항상 부기등기
2. 권리변경(경정)등기 - 이해관계인이 없는 경우 : 부기등기
   - 이해관계인이 있는 경우 - 승낙 받은 경우 : 부기등기
      - 승낙 없는 경우 : 주등기
3. 등기사항의 일부 말소회복등기 : 부기등기
   등기사항의 전부 말소회복등기 : 주등기
4. 소유권 이전(처분제한) 등기 : 주등기
   소유권 이외의 권리의 이전(처분제한) 등기 : 부기등기
   가등기의 이전등기, 환매권의 이전등기(부기등기의 부기등기)
5. 소유권을 목적으로 한 저당권설정등기 : 주등기
   지상권 또는 전세권을 목적으로 한 저당권설정등기 : 부기등기
6. 소유권 이외의 권리를 목적으로 하는 권리의 등기 : 부기등기
   (승역지 전세권자 또는 지상권자가 등기의무자인 지역권설정등기, 전전세권설정등기, 저당권을 목적으로 하는 권리질권등기, 채권담보권등기 등)
7. 환매특약등기(언제나 소유권이전등기에 부기)
8. **공유물분할금지의 약정등기**
9. **권리소멸약정등기**

기출문제

01 등기상 이해관계 있는 제3자가 있는 경우에 그 제3자의 승낙이 없으면 부기등기로 할 수 <u>없는</u> 것은?

2018

① 환매특약등기
② 지상권의 이전등기
③ 등기명의인표시의 변경등기
④ 지상권 위에 설정한 저당권의 이전등기
⑤ 근저당권에서 채권최고액 증액의 변경등기

⊘ 정답 ⑤

02 부기등기를 하는 경우가 <u>아닌</u> 것은?　　　　　2019

① 환매특약등기
② 권리소멸약정등기
③ 전세권을 목적으로 하는 저당권설정등기
④ 저당부동산의 저당권실행을 위한 경매개시결정등기
⑤ 등기상 이해관계 있는 제3자의 승낙이 있는 경우, 권리의 변경등기

[해설] 저당부동산의 저당권실행의 경우 저당권의 목적은 해당 부동산의 소유권이므로 그 경매개시결정등
기는 소유권에 관한 등기이므로 주등기로 실행하게 된다.

ⓒ 정답 ④

03 부기등기로 하는 경우는?　　　　　2022

① 부동산멸실등기
② 공유물 분할금지의 약정등기
③ 소유권이전등기
④ 토지분필등기
⑤ 부동산의 표시변경등기 등 표제부의 등기

ⓒ 정답 ②

04 부동산등기에 관한 설명으로 옳은 것은?　　　　　2024

① 유증으로 인한 소유권이전등기는 상속등기를 거치지 않으면 유증자로부터 직
접 수증자 명의로 신청할 수 없다.
② 유증으로 인한 소유권이전등기 신청이 상속인의 유류분을 침해하는 내용인 경
우에는 등기관은 이를 수리할 수 없다.
③ 상속재산분할심판에 따른 상속인의 소유권이전등기는 법정상속분에 따른 상
속등기를 거치지 않으면 할 수 없다.
④ 상속등기 경료 전의 상속재산분할협의에 따라 상속등기를 신청하는 경우, 등
기원인일자는 '협의분할일'로 한다.
⑤ 권리의 변경등기는 그 등기로 등기상 이해관계 있는 제3자의 권리가 침해되는
경우, 그 제3자의 승낙 또는 이에 대항할 수 있는 재판이 있음을 증명하는 정보
의 제공이 없으면 부기등기로 할 수 없다.

ⓒ 정답 ⑤

필수테마 17 | 가등기

핵심 정리

가등기할 수 있는 경우	가등기 할 수 없는 경우
① 본등기를 할 수 있는 권리의 설정, 이전, 변경 또는 소멸의 청구권을 보전하기 위해	− 보존등기, 처분제한등기를 위한 가등기는 허용되지 않는다.
② 가등기의 이전등기(가등기의 가등기)	
③ 가등기상의 권리의 처분금지가처분	− 가등기에 기한 본등기처분을 금지하는 가처분
④ 가등기가처분명령정본을 첨부하여 단독 신청하는 가등기	− 가등기가처분명령에 의하여 법원이 촉탁하는 가등기
⑤ 사인증여로 인한 소유권이전청구권 가등기	− 유증을 원인으로 소유권이전 가등기 (생존 중)
⑥ 채권적청구권, ⑦ 정지조건부청구권	− 물권적청구권, 해제조건부청구권

1) 가등기 − 원칙: 공동신청
   예외: 가등기권리자의 단독 신청(가등기의무자의 승낙서나 가등기가처분명령정본)
2) 가등기의 말소 − 원칙: 공동신청
   예외 ┌ 가등기명의인의 단독신청(가등기필증, 소유권가등기말소시 인감증명 첨부)
        └ 가등기의무자 또는 이해관계인의 단독신청(가등기명의인의 승낙서 또는 판결서첨부)

본등기 권리자	가등기권리자(또는 가등기상 권리를 이전받은 자)	㉠ 일부 가등기권자의 자기 지분만 본등기 ○ ㉡ 일부 가등기권자의 전원에 대한 본등기 ×
본등기 의무자	가등기의무자(제3취득자 ×)	제3자의 승낙 불요

1. 소유권이전청구권보전 가등기에 기한 본등기시(본등기 권리를 침해하는 등기 − 직권말소)
   직권말소 ○ : 소유권, 저당권, 상속등기, 가압류, 가처분 등
   직권말소 × : 가등기 전에 경료된 등기, 당해 가등기에 대한 가압류 가처분 등기
2. '지상권', '전세권', '임차권'설정등기청구권보전 가등기에 의하여 본등기를 한 경우, 가등기 후 본등기 전에 마쳐진 당해 토지에 대한 **지상권**설정등기(동일부분)는 직권말소 대상이 된다. (○)

3. '지상권', '전세권', '임차권' 설정등기청구권보전 가등기에 의하여 본등기를 한 경우, 가등기 후 본등기 전에 마쳐진 당해 토지에 대한 '**저당권**'설정등기는 직권말소대상이 된다. (×)

4. 저당권설정등기청구권보전 가등기에 의하여 본등기를 한 경우, 가등기 후 본등기 전에 마쳐진 당해 토지에 대한 **지상권**설정등기는 직권말소대상이 된다. (×)

5. 저당권설정등기청구권보전 가등기에 의하여 본등기를 한 경우, 가등기 후 본등기 전에 마쳐진 당해 토지에 대한 **저당권**설정등기는 직권말소대상이 된다. (×)

지문비교

01 가등기를 명하는 법원의 가처분명령이 있는 경우, 등기관은 법원의 촉탁에 따라 그 가등기를 한다. ·· (×)

02 가등기를 명하는 법원의 가처분명령이 있는 경우, 가등기권리자는 단독으로 가등기를 신청할 수 있다. ·· (○)

03 가등기권리자가 가등기를 명하는 가처분명령을 신청할 경우, 가등기의무자의 주소지를 관할하는 지방법원에 신청한다. ····································· (×)

04 가등기권리자가 가등기를 명하는 가처분명령을 신청할 경우, 부동산의 소재지를 관할하는 지방법원에 신청한다. ····································· (○)

05 가등기권리자가 여럿인 경우, 그중 1인이 공유물보존행위에 준하여 가등기 전부에 관한 본등기를 신청할 수 있다. ····································· (×)

06 복수의 권리자가 소유권이전등기청구권을 보전하기 위하여 가등기를 마쳐 둔 경우 특별한 사정이 없는 한 그 권리자 중 한 사람은 자신의 지분에 관하여 단독으로 그 가등기에 기한 본등기를 청구할 수 있다. ····································· (○)

07 가등기에 기한 본등기의 등기권리자는 가등기권리자이며, 가등기권리가 제3자에게 이전된 경우에는 그 이전받은 자가 본등기권리자가 된다. ·················· (○)

08 갑이 을 소유 토지에 대한 소유권이전청구권을 보전하기 위하여 가등기를 한 후 을이 그 토지를 병에게 양도한 경우, 갑의 본등기 청구의 상대방은 병이다. .... (×)

09 임차권설정등기청구권보전 가등기에 의한 본등기를 한 경우 가등기 후 본등기 전에 마쳐진 저당권설정등기는 직권말소의 대상이다. .... (×)

10 등기관이 소유권이전등기청구권보전 가등기에 의한 본등기를 한 경우, 가등기 후 본등기 전에 마쳐진 해당 가등기상 권리를 목적으로 하는 가처분등기는 직권으로 말소한다. .... (×)

11 등기관이 소유권이전등기청구권보전 가등기에 의한 본등기를 한 경우, 가등기 후 본등기 전에 마쳐진 해당 부동산의 소유권을 목적으로 하는 가처분등기는 직권으로 말소한다. .... (○)

기출문제

01 **가등기에 관한 설명으로 틀린 것은?**   2021

① 가등기권리자는 가등기를 명하는 법원의 가처분명령이 있는 경우에는 단독으로 가등기를 신청할 수 있다.

② 근저당권 채권최고액의 변경등기청구권을 보전하기 위해 가등기를 할 수 있다.

③ 가등기를 한 후 본등기의 신청이 있을 때에는 가등기의 순위번호를 사용하여 본등기를 하여야 한다.

④ 임차권설정등기청구권보전 가등기에 의한 본등기를 한 경우 가등기 후 본등기 전에 마쳐진 저당권설정등기는 직권말소의 대상이 아니다.

⑤ 등기관이 소유권이전등기청구권보전 가등기에 의한 본등기를 한 경우, 가등기 후 본등기 전에 마쳐진 해당 가등기상 권리를 목적으로 하는 가처분등기는 직권으로 말소한다.

해설 해당 가등기상 권리를 목적으로 하는 가처분등기는 직권말소대상이 아니다.

                                                                    ⊘정답 ⑤

02 가등기에 관한 설명으로 틀린 것은? 2020

① 가등기권리자는 가등기의무자의 승낙이 있는 경우에 단독으로 가등기를 신청할 수 있다.

② 가등기명의인은 단독으로 가등기의 말소를 신청할 수 있다.

③ 가등기의무자는 가등기명의인의 승낙을 받아 단독으로 가등기의 말소를 신청할 수 있다.

④ 부동산소유권이전의 청구권이 정지조건부인 경우에 그 청구권을 보전하기 위해 가등기를 할 수 있다.

⑤ 가등기를 명하는 가처분명령은 가등기권리자의 주소지를 관할하는 지방법원이 할 수 있다.

해설 가등기를 명하는 가처분명령은 부동산의 소재지를 관할하는 지방법원이 가등기권리자의 신청으로 가등기 원인사실의 소명이 있는 경우에 할 수 있다.

정답 ⑤

03 가등기에 관한 설명으로 옳은 것은? (다툼이 있으면 판례에 따름) 2022

① 가등기명의인은 그 가등기의 말소를 단독으로 신청할 수 없다.

② 가등기의무자는 가등기명의인의 승낙을 받더라도 가등기의 말소를 단독으로 신청할 수 없다.

③ 가등기권리자는 가등기를 명하는 법원의 가처분명령이 있더라도 단독으로 가등기를 신청할 수 없다.

④ 하나의 가등기에 관하여 여러 사람의 가등기권자가 있는 경우, 그중 일부의 가등기권자는 공유물보존행위에 준하여 가등기 전부에 관한 본등기를 신청할 수 없다.

⑤ 가등기목적물의 소유권이 가등기 후에 제3자에게 이전된 경우, 가등기에 의한 본등기신청의 등기의무자는 그 제3자이다.

해설 ① 가등기명의인은 그 가등기의 말소를 단독으로 신청할 수 있다. ② 가등기의무자는 가등기명의인의 승낙이 있으면 가등기의 말소를 단독으로 신청할 수 있다. ③ 가등기권리자는 가등기를 명하는 법원의 가처분명령이 있으면 단독으로 가등기를 신청할 수 있다. ⑤ 가등기목적물의 소유권이 가등기 후에 제3자에게 이전된 경우, 가등기에 의한 본등기신청의 등기의무자는 그 제3자가 아닌 가등기 당시 소유자이다.

정답 ④

04 **가등기에 관한 설명으로 틀린 것은?** 2023

① 가등기로 보전하려는 등기청구권이 해제조건부인 경우에는 가등기를 할 수 없다.

② 소유권이전청구권 가등기는 주등기의 방식으로 한다.

③ 가등기는 가등기권리자와 가등기의무자가 공동으로 신청할 수 있다.

④ 가등기에 기한 본등기를 금지하는 취지의 가처분등기의 촉탁이 있는 경우, 등기관은 이를 각하하여야 한다.

⑤ 소유권이전청구권 가등기에 기하여 본등기를 하는 경우, 등기관은 그 가등기를 말소하는 표시를 하여야 한다.

> **해설** 가등기에 기한 본등기를 실행하면 그 본등기는 가등기의 순위에 따르므로 가등기를 말소하여서는 안 된다.

◎ **정답** ⑤

05 **가등기에 관한 설명으로 옳은 것은?** (다툼이 있으면 판례에 따름) 2024

① 소유권이전등기청구권 보전을 위한 가등기에 기한 본등기가 경료된 경우, 본등기에 의한 물권변동의 효력은 가등기한 때로 소급하여 발생한다.

② 소유권이전등기청구권 보전을 위한 가등기가 마쳐진 부동산에 처분금지가처분등기가 된 후 본등기가 이루어진 경우, 그 본등기로 가처분채권자에게 대항할 수 있다.

③ 정지조건부의 지상권설정청구권을 보전하기 위해서는 가등기를 할 수 없다.

④ 가등기된 소유권이전등기청구권이 양도된 경우, 그 가등기상의 권리의 이전등기를 가등기에 대한 부기등기의 형식으로 경료할 수 없다.

⑤ 소유권이전등기청구권 보전을 위한 가등기가 있으면 소유권이전등기를 청구할 어떤 법률관계가 있다고 추정된다.

◎ **정답** ②

06 **X토지에 관하여 A등기청구권보전을 위한 가등기 이후, B - C의 순서로 각 등기가 적법하게 마쳐졌다. B등기가 직권말소의 대상인 것은?** (A, B, C등기는 X를 목적으로 함) 2024

	A	B	C
①	전세권설정 -	가압류등기	- 전세권설정본등기
②	임차권설정 -	저당권설정등기	- 임차권설정본등기
③	저당권설정 -	소유권이전등기	- 저당권설정본등기
④	소유권이전 -	저당권설정등기	- 소유권이전본등기
⑤	지상권설정 -	가압류등기	- 지상권설정본등기

◎ **정답** ④

필수테마 18 | 구분건물등기, 등기설비

핵심 정리

1. 1동건물 전부 − 1개의 등기기록[1동전체표제부].
2. 전유부분마다 − [표제부]및 각구([갑구], [을구])를 둔다.
3. 등기사항증명서 발급(또는 열람)시
   [1동의 건물 표제부]와 '해당'(전체 ×)전유부분에 관한 등기기록을 1등기기록으로 본다.
4. 전유부분 → 규약상공용부분(공용이란 뜻의 등기) : 소유권의 등기명의인이 단독신청
5. 전유부분 ← 규약상공용부분(소유권보존등기) : 취득자의 단독신청

등기기록		대지권등기와 대지권인 뜻의 등기	등기 방법
건물 등기기록	1동전체표제부	대지권의 목적인 토지의 표시	신청
	전유부분표제부	대지권의 표시(대지권의 종류, 비율)	
토지 등기기록	갑구 또는 을구	대지권인 뜻(취지)의 등기	직권

① **등기기록** − 전쟁 천재지변 시 반출 ○, 법관의 명령, 촉탁, 영장 등 반출 ×
② 부속서류 − 전쟁 천재지변 시 반출 ○, 법관의 명령, 촉탁, 영장 등 반출 ○
③ **등기기록** − 열람 ○(누구나), 등기사항증명서(누구나) ○
④ 부속서류 − 열람 ○(이해관계인만), 등기사항증명서 ×
⑤ **등기기록**(매도공탁, 폐쇄등기기록 포함) − 영구보존
⑥ 신청정보(신청서 기타부속서류 편철장, 신청서접수장 포함) − 5년보존

지문비교

01 대지권등기를 하였을 경우, 1동 건물의 등기기록의 표제부에 소유권이 대지권이라는 뜻의 등기를 기록한다. ·· (×)

02 구분건물등기기록에 대지권등기를 하였을 경우, 소유권이 대지권이라는 뜻의 등기는 대지권의 목적인 토지등기기록의 갑구에 기록한다. ·························· (○)

03 구분건물등기기록에는 표제부를 1동의 건물에 두고 전유부분에는 갑구와 을구만 둔다. ··· (×)

04 구분건물등기기록에는 표제부를 1동의 건물에 두고 전유부분에는 표제부 및 갑구와 을구를 둔다. ··· (○)

05 규약에 따라 공용부분으로 등기된 후 그 규약이 폐지된 경우, 그 공용부분 취득자는 소유권이전등기를 신청하여야 한다. ·· (×)

06 규약에 따라 공용부분으로 등기된 후 그 규약이 폐지된 경우, 그 공용부분 취득자는 소유권보존등기를 신청하여야 한다. ·· (○)

07 등기소에 보관 중인 등기신청서는 법관이 발부한 영장에 의해 압수하는 경우에도 등기소 밖으로 옮기지 못한다. ··· (×)

08 등기소에 등기기록은 법관이 발부한 영장에 의해 압수하는 경우에도 등기소 밖으로 옮기지 못한다. ··· (○)

09 등기부는 법관이 발부한 영장에 의하여 압수하는 경우에는 대법원규칙으로 정하는 보관·관리 장소 밖으로 옮길 수 있다. ·· (×)

10 제공된 신청정보와 첨부정보는 영구보존하여야 한다. ··························· (×)

11 등기기록에 기록되어 있는 사항은 이해관계인에 한해 열람을 청구할 수 있다. ·· (×)

12 등기원인을 증명하는 정보에 대하여는 이해관계 있는 부분만 열람을 청구할 수 있다. ··· (○)

13 등기사항증명서 발급신청 시 매매목록은 그 신청이 있는 경우에만 등기사항증명서에 포함하여 발급한다. ··· (○)

기출문제

01 구분건물 등기기록의 표제부에 기록되지 <u>않는</u> 사항은? 2013

① 전유부분의 등기기록의 표제부에 건물번호
② 대지권이 있는 경우, 전유부분의 등기기록의 표제부에 대지권의 표시에 관한 사항
③ 1동 건물의 등기기록의 표제부에 소재와 지번
④ 대지권이 있는 경우, 1동 건물의 등기기록의 표제부에 대지권의 목적인 토지의 표시에 관한 사항
⑤ 대지권등기를 하였을 경우, 1동 건물의 등기기록의 표제부에 소유권이 대지권이라는 뜻

[해설] ⑤ 구분건물등기기록에 대지권등기를 하였을 경우, 소유권이 대지권이라는 뜻의 등기는 대지권의 목적인 토지등기기록의 갑구 또는 을구에 기록한다.

◈정답 ⑤

02 부동산등기에 관한 설명으로 틀린 것은? 2021

① 규약에 따라 공용부분으로 등기된 후 그 규약이 폐지된 경우, 그 공용부분 취득자는 소유권이전등기를 신청하여야 한다.
② 등기할 건물이 구분건물인 경우에 등기관은 1동 건물의 등기기록의 표제부에는 소재와 지번, 건물명칭 및 번호를 기록하고, 전유부분의 등기기록의 표제부에는 건물번호를 기록하여야 한다.
③ 존재하지 아니하는 건물에 대한 등기가 있을 때 그 소유권의 등기명의인은 지체 없이 그 건물의 멸실등기를 신청하여야 한다.
④ 같은 지번 위에 1개의 건물만 있는 경우에는 건물의 등기기록의 표제부에 건물번호를 기록하지 않는다.
⑤ 부동산환매특약은 등기능력이 인정된다.

[해설] ① 규약에 따라 공용부분으로 등기된 후 그 규약이 폐지된 경우, 그 공용부분 취득자는 소유권'보존'등기를 신청하여야 한다.

◈정답 ①

03 등기제도에 관한 설명으로 옳은 것은? 2016

① 등기기록에 기록되어 있는 사항은 이해관계인에 한해 열람을 청구할 수 있다.
② 등기관이 등기를 마친 경우, 그 등기는 등기를 마친 때부터 효력을 발생한다.
③ 전세권의 존속기간이 만료된 경우, 전세금반환채권의 일부양도를 원인으로 한 전세권 일부이전등기도 가능하다.
④ 말소된 등기의 회복을 신청할 때에 등기상 이해관계 있는 제3자가 있는 경우, 그 제3자의 승낙은 필요하지 않다.
⑤ 등기소에 보관 중인 등기신청서는 법관이 발부한 영장에 의해 압수하는 경우에도 등기소 밖으로 옮기지 못한다.

해설 ① 등기기록에 기록되어 있는 사항은 누구나 열람, 증명서 발급을 청구할 수 있다.
② 등기가 마쳐진 경우, 접수한 때부터 효력을 발생한다.
④ 이해관계인의 승낙이 없으면 회복등기를 할 수 없다.
⑤ 신청서는 법관이 발부한 영장에 의해 압수하는 경우에는 반출할 수 있다.

◎정답 ③

04 전산이기된 등기부 등에 관한 설명으로 틀린 것은? 2022

① 등기부는 영구(永久)히 보존해야 한다.
② 등기부는 법관이 발부한 영장에 의하여 압수하는 경우에는 대법원규칙으로 정하는 보관·관리 장소 밖으로 옮길 수 있다.
③ 등기관이 등기를 마쳤을 때는 등기부부본자료를 작성해야 한다.
④ 등기원인을 증명하는 정보에 대하여는 이해관계 있는 부분만 열람을 청구할 수 있다.
⑤ 등기관이 등기기록의 전환을 위해 등기기록에 등기된 사항을 새로운 등기기록에 옮겨 기록한 때에는 종전 등기기록을 폐쇄해야 한다.

◎정답 ②

05 구분건물의 등기에 관한 설명으로 틀린 것은? 2023

① 대지권의 표시에 관한 사항은 전유부분의 등기기록 표제부에 기록하여야 한다.

② 토지전세권이 대지권인 경우에 대지권이라는 뜻의 등기가 되어 있는 토지의 등기기록에는 특별한 사정이 없는 한 저당권설정등기를 할 수 없다.

③ 대지권의 변경이 있는 경우, 구분건물의 소유권의 등기명의인은 1동의 건물에 속하는 다른 구분건물의 소유권의 등기명의인을 대위하여 대지권변경등기를 신청할 수 있다.

④ 1동의 건물에 속하는 구분건물 중 일부만에 관하여 소유권보존등기를 신청하는 경우에는 나머지 구분건물의 표시에 관한 등기를 동시에 신청하여야 한다.

⑤ 집합건물의 규약상 공용부분이라는 뜻을 정한 규약을 폐지한 경우, 그 공용부분의 취득자는 소유권이전등기를 신청하여야 한다.

정답 ②, ⑤

필수테마 19 | 지적공부의 종류와 등록사항

핵심 정리

- **소재, 지번** − 모든 지적공부
- **고유번호** − 모든 지적공부(도면제외)
- **지목** − 토지임야대장에 정식, 도면(지적도임야도)에 약식, 기타 지적공부에 등록 ×
- **면적** − 토지임야대장에만
- **경계, 도곽선(수치), 색인도** − 도면
- **좌표, 부호 및 부호도** − 경계점좌표등록부
- **소유자의 명, 주, 번** − 4대장에 등록 ○, 도면과 경계점좌표등록부에 등록 ×

대지권의 비율, 건물명칭, 전유부분 건물표시 − 대지권등록부에만

토지의 이동 사유, 개별공시지가 − 토지·임야대장에만

소유권의 지분 − 대지권등록부, 공유지연명부

❖ **지적도 및 임야도 주요 등록사항**
① 소재와 지번 ② 지목(약식) ③ 경계 ④ 도곽선(수치) ⑤ 건축물 및 구조물 위치
⑥ 삼각점 및 지적기준점위치 ⑦ 색인도 ⑧ 지적도면의 제명 및 축척 ⑨ 좌표로 계산된 경계점간 거리(좌표지역에 한함)

토지(임야)대장 : (소지지면), (고장축도), (개변명사유)

지적(임야)도 : (소지지경축), (곽거치치제색)

공유지연명부 : (소지고장 변명분)

대지권등록부 : (소지고장 변명분) (건 전 율)

경계점좌표등록부 : (소지고장 부좌도)

지문비교

01 경계점좌표등록부에는 소재, 지번, 지목, 면적, 소유자, 좌표, 부호 및 부호도, 지적도면의 번호, 장번호를 등록한다. ……………………………………………… (×)

02 대지권비율, 전유부분의 건물표시, 건물의 명칭, 소유권 지분은 공유지연명부와 대지권등록부에 공통 등록사항이다. …………………………………………… (×)

03 토지대장, 임야대장, 공유지연명부, 대지권등록부, 경계점좌표등록부에는 소유자의 성명, 주소, 주민등록번호와 소유자가 변경된 날과 그 원인이 등록된다. ……………………………………………………………………………………… (×)

04 지적도 임야도에는 고유번호, 토지소유자의 성명과 주소, 면적, 좌표 등은 등록하지 않는다. ………………………………………………………………………………… (○)

05 지적도 임야도에는 좌표에 의하여 계산된 경계점간의 거리(경계점좌표등록부를 갖춰두는 지역에 한정한다), 도곽선과 그 수치, 색인도, 삼각점 및 지적기준점의 위치, 건축물 및 구조물의 위치 등이 등록된다. …………………………… (○)

기출문제

01 공간정보의 구축 및 관리 등에 관한 법령상 지적도 및 임야도의 등록사항을 모두 고른 것은?
2021

> ㉠ 토지의 소재
> ㉡ 좌표에 의하여 계산된 경계점 간의 거리(경계점좌표등록부를 갖춰 두는 지역으로 한정)
> ㉢ 삼각점 및 지적기준점의 위치
> ㉣ 건축물 및 구조물 등의 위치
> ㉤ 도곽선(圖廓線)과 그 수치

① ㉠, ㉢, ㉣   ② ㉡, ㉢, ㉤   ③ ㉡, ㉣, ㉤
④ ㉠, ㉡, ㉢, ㉤   ⑤ ㉠, ㉡, ㉢, ㉣, ㉤

해설 모두 지적도 및 임야도의 등록사항에 해당한다. 다만 ㉡의 좌표에 의하여 계산된 경계점간 거리는 지적도 및 임야도의 등록사항이지만 일부지역으로 한정함을 주의한다.

⊘ 정답 ⑤

02 공간정보의 구축 및 관리 등에 관한 법령상 공유지연명부와 대지권등록부의 공통 등록사항을 모두 고른 것은?
2021

> ㉠ 지번
> ㉡ 소유권 지분
> ㉢ 소유자의 성명 또는 명칭, 주소 및 주민등록번호
> ㉣ 토지의 고유번호
> ㉤ 토지소유자가 변경된 날과 그 원인

① ㉠, ㉡, ㉢   ② ㉠, ㉡, ㉣, ㉤   ③ ㉠, ㉢, ㉣, ㉤
④ ㉡, ㉢, ㉣, ㉤   ⑤ ㉠, ㉡, ㉢, ㉣, ㉤

⊘ 정답 ⑤

03 공간정보의 구축 및 관리 등에 관한 법령상 지적공부와 등록사항의 연결이 옳은 것은? 2024

① 토지대장 – 지목, 면적, 경계
② 경계점좌표등록부 – 지번, 토지의 고유번호, 지적도면의 번호
③ 공유지연명부 – 지번, 지목, 소유권 지분
④ 대지권등록부 – 좌표, 건물의 명칭, 대지권 비율
⑤ 지적도 – 삼각점 및 지적기준점의 위치, 도곽선(圖廓線)과 그 수치, 부호 및 부호도

☞ 정답 ②

04 공간정보의 구축 및 관리 등에 관한 법령상 대지권등록부의 등록사항만으로 나열된 것이 <u>아닌</u> 것은? 2022

① 지번, 지목
② 토지의 소재, 토지의 고유번호
③ 대지권 비율, 전유부분(專有部分)의 건물표시
④ 소유권 지분, 토지소유자가 변경된 날과 그 원인
⑤ 건물의 명칭, 집합건물별 대지권등록부의 장번호

☞ 정답 ①

05 공간정보의 구축 및 관리 등에 관한 법령상 대지권등록부와 경계점좌표등록부의 공통 등록사항을 모두 고른 것은? 2023

㉠ 지번
㉡ 소유자의 성명 또는 명칭
㉢ 토지의 소재
㉣ 토지의 고유번호
㉤ 지적도면의 번호

① ㉠, ㉢, ㉣
② ㉢, ㉣, ㉤
③ ㉠, ㉡, ㉢, ㉣
④ ㉠, ㉡, ㉢, ㉤
⑤ ㉠, ㉡, ㉣, ㉤

☞ 정답 ①

필수테마 20 | 지적공부의 관리와 복구

핵심 정리

❖ 지적공부 등의 관리

지적공부	지적소관청이 지적서고에 영구보존	예외적 반출 ㉠ 천재, 지변 그 밖에 준하는 사유 ㉡ 시·도지사 또는 대도시시장의 승인
정보처리시스템을 통하여 기록저장	<u>시·도지사, 시장·군수 또는 구청장</u>이 지적전산정보시스템에 영구보존	멸실 훼손대비 복제관리시스템 구축 : <u>국토교통부장관</u>
부동산종합공부	지적소관청이 부동산의 효율적 이용과 부동산과 관련된 정보의 종합적 관리 운영을 위하여 관리 운영	멸실 또는 훼손에 대비하여 이를 별도로 복제하여 관리하는 정보관리체계를 구축: <u>지적소관청</u>

❖ 지적공부 등의 복구

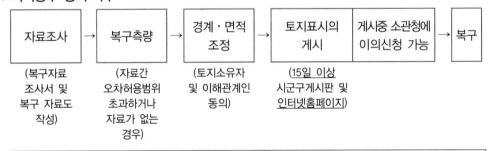

자료조사	→	복구측량	→	경계·면적 조정	→	토지표시의 게시	게시중 소관청에 이의신청 가능	→	복구

(복구자료 조사서 및 복구 자료도 작성) / (자료간 오차허용범위 초과하거나 자료가 없는 경우) / (토지소유자 및 이해관계인 동의) / (<u>15일 이상</u> 시군구게시판 및 <u>인터넷홈페이지</u>)

❖ 복구자료
토지의 표시 - 가장 적합한 자료(측량결과도, <u>지적공부등본</u>, <u>정보처리시스템</u>에 따라 복제된 지적공부, 지적소관청이 작성 발행한 지적공부 증명 내용, 법원의 확정판결, 토지이동정리<u>결</u>의서, 토지(건물)등기사항증명서 등 등기사실을 증명하는 서류)
소유자 - 부동산등기부나 법원의 확정판결에 의하여 복구하여야 한다.

부동산종합공부의 등록사항(토건가용권)
(토)지의 표시와 소유자 - 지적공부
(건)축물의 표시와 소유자 - 건축물대장
부동산의 (가)격 - 개별공시지가
토지이(용) 및 규제 - 토지이용계획확인서
그밖에 - 부동산등기법 제48조의 부동산 (권)리에 관한 사항

지문비교

01 지적소관청은 해당 청사에 지적서고를 설치하고 그 곳에 지적공부(정보처리시스템을 통하여 기록 저장한 경우는 제외한다)를 영구히 보존하여야 한다. … (○)

02 지적공부를 정보처리시스템을 통하여 기록 저장한 경우 관할 시·도지사, 시장, 군수 또는 구청장은 그 지적공부를 지적정보관리체계에 영구히 보존하여야 한다. .... (○)

03 국토교통부장관의 승인을 받은 경우 지적공부를 해당 청사 밖으로 반출할 수 있다. .... (×)

04 지적소관청은 천재지변이나 그 밖에 이에 준하는 재난을 피하기 위하여 필요한 경우나 시·도지사 또는 대도시시장의 승인을 받은 경우에는 지적공부를 해당 청사 밖으로 반출할 수 있다. .... (○)

05 지적소관청은 지적공부가 멸실된 경우 지적공부의 등본, 측량결과도, 토지이동정리결의서, 부동산등기부등본 등에 의하여 토지의 표시에 관한 사항을 복구하여야 한다. .... (○)

06 지적측량의뢰서, 지적측량수행계획서, 개별공시지가 자료, 측량신청서 및 측량준비도 등은 지적공부의 복구자료이다. .... (×)

07 복구자료도에 따라 측정한 면적과 지적복구자료 조사서의 조사된 면적의 증감이 오차의 허용범위를 초과하거나 복구자료도를 작성할 복구자료가 없는 경우에는 복구측량을 하여야 한다. .... (○)

08 부동산종합공부에는 부동산의 효율적 이용과 토지의 적성에 관한 종합적 관리·운영을 위하여 필요한 사항으로 「국토의 계획 및 이용에 관한 법률」 제20조 및 제27조에 따른 토지적성평가서의 내용을 등록한다. .... (×)

09 부동산종합공부에는 부동산의 효율적 이용과 부동산과 관련된 정보의 종합적 관리·운영을 위하여 필요한 사항으로 「부동산등기법」 제48조에 따른 부동산의 권리에 관한 사항을 등록한다. .... (○)

기출문제

01 공간정보의 구축 및 관리 등에 관한 법령상 지적공부의 보존 등에 관한 설명으로 옳은 것을 모두 고른 것은?   2021

> ㉠ 지적서고는 지적사무를 처리하는 사무실과 연접(連接)하여 설치하여야 한다.
> ㉡ 지적소관청은 천재지변이나 그 밖에 이에 준하는 재난을 피하기 위하여 필요한 경우에는 지적공부를 해당 청사 밖으로 반출할 수 있다.
> ㉢ 지적공부를 정보처리시스템을 통하여 기록 · 저장한 경우 관할 시 · 도지사, 시장 · 군수 또는 구청장은 그 지적공부를 지적정보관리체계에 영구히 보존하여야 한다.
> ㉣ 카드로 된 토지대장 · 임야대장 등은 200장 단위로 바인더(binder)에 넣어 보관하여야 한다.

① ㉠, ㉢   ② ㉡, ㉣   ③ ㉢, ㉣
④ ㉠, ㉡, ㉢   ⑤ ㉠, ㉡, ㉣

해설 ㉣ 카드로 된 토지대장, 임야대장, 공유지연명부, 대지권등록부 및 경계점좌표등록부는 100장 단위로 바인더(binder)에 넣어 보관하여야 한다.

✅ 정답 ④

02 공간정보의 구축 및 관리 등에 관한 법령상 지적공부의 보존 및 보관방법 등에 관한 설명으로 틀린 것은? (단, 정보처리시스템을 통하여 기록 · 저장한 지적공부는 제외함)
2020

① 지적소관청은 해당 청사에 지적서고를 설치하고 그곳에 지적공부를 영구히 보존하여야 한다.
② 국토교통부장관의 승인을 받은 경우 지적공부를 해당 청사 밖으로 반출할 수 있다.
③ 지적서고는 지적사무를 처리하는 사무실과 연접(連接)하여 설치하여야 한다.
④ 지적도면은 지번부여지역별로 도면번호순으로 보관하되, 각 장별로 보호대에 넣어야 한다.
⑤ 카드로 된 토지대장, 임야대장, 공유지연명부, 대지권등록부 및 경계점좌표등록부는 100장 단위로 바인더(binder)에 넣어 보관하여야 한다.

해설 국토교통부장관의 승인이 아닌 시 · 도지사 또는 대도시 시장의 승인을 받아 반출할 수 있다.

✅ 정답 ②

03 공간정보의 구축 및 관리 등에 관한 법령상 지적공부의 복구 및 복구절차 등에 관한 설명으로 틀린 것은?   2020

① 지적소관청(정보처리시스템을 통하여 기록·저장한 지적공부의 경우에는 시·도지사, 시장·군수 또는 구청장)은 지적공부의 전부 또는 일부가 멸실되거나 훼손된 경우에는 지체 없이 이를 복구하여야 한다.

② 지적공부를 복구할 때에는 멸실·훼손 당시의 지적공부와 가장 부합된다고 인정되는 관계 자료에 따라 토지의 표시에 관한 사항을 복구하여야 한다. 다만, 소유자에 관한 사항은 부동산등기부나 법원의 확정판결에 따라 복구하여야 한다.

③ 지적공부의 등본, 개별공시지가 자료, 측량신청서 및 측량 준비도, 법원의 확정판결서 정본 또는 사본은 지적공부의 복구자료이다.

④ 지적소관청은 조사된 복구자료 중 토지대장·임야대장 및 공유지연명부의 등록 내용을 증명하는 서류 등에 따라 지적복구자료 조사서를 작성하고, 지적도면의 등록 내용을 증명하는 서류 등에 따라 복구자료도를 작성하여야 한다.

⑤ 복구자료도에 따라 측정한 면적과 지적복구자료 조사서의 조사된 면적의 증감이 오차의 허용범위를 초과하거나 복구자료도를 작성할 복구자료가 없는 경우에는 복구측량을 하여야 한다.

해설 ③ 개별공시지가 자료, 측량신청서 및 측량 준비도는 복구 자료가 아니다.

⊘ 정답 ③

04 공간정보의 구축 및 관리 등에 관한 법령상 지적공부의 복구에 관한 관계 자료가 아닌 것은?   2022

① 지적측량 의뢰서
② 지적공부의 등본
③ 토지이동정리 결의서
④ 법원의 확정판결서 정본 또는 사본
⑤ 지적소관청이 작성하거나 발행한 지적공부의 등록내용을 증명하는 서류

해설 ① 지적측량 의뢰서는 복구 자료가 아니다.

⊘ 정답 ①

05 공간정보의 구축 및 관리 등에 관한 법령상 지적공부의 복구에 관한 관계 자료에 해당하는 것을 모두 고른 것은?   2024

> ㉠ 측량 결과도
> ㉡ 법원의 확정판결서 정본 또는 사본
> ㉢ 토지(건물)등기사항증명서 등 등기사실을 증명하는 서류
> ㉣ 지적소관청이 작성하거나 발행한 지적공부의 등록내용을 증명하는 서류

① ㉠, ㉡   ② ㉡, ㉢   ③ ㉢, ㉣
④ ㉡, ㉢, ㉣   ⑤ ㉠, ㉡, ㉢, ㉣

⊘ 정답 ⑤

06 공간정보의 구축 및 관리 등에 관한 법령상 부동산종합공부의 등록사항에 해당하지 <u>않는</u> 것은?   2022

① 토지의 이용 및 규제에 관한 사항 : 「토지이용규제 기본법」 제10조에 따른 토지이용계획확인서의 내용
② 건축물의 표시와 소유자에 관한 사항(토지에 건축물이 있는 경우만 해당한다) : 「건축법」 제38조에 따른 건축물대장의 내용
③ 토지의 표시와 소유자에 관한 사항 : 「공간정보의 구축 및 관리 등에 관한 법률」에 따른 지적공부의 내용
④ 부동산의 가격에 관한 사항 : 「부동산 가격공시에 관한 법률」 제10조에 따른 개별공시지가, 같은 법 제16조, 제17조 및 제18조에 따른 개별주택가격 및 공동주택가격 공시내용
⑤ 부동산의 효율적 이용과 토지의 적성에 관한 종합적 관리 · 운영을 위하여 필요한 사항 : 「국토의 계획 및 이용에 관한 법률」 제20조 및 제27조에 따른 토지적성평가서의 내용

해설 토지적성평가서의 내용은 부동산종합공부의 등록사항이 아니다. ①②③④ 외에 기타 등록사항으로 「부동산등기법」 제48조에 따른 부동산의 권리에 관한 사항이 있다.

⊘ 정답 ⑤

필수테마 21 | 지번, 면적

핵심 정리

✦ 지번은 지적소관청이 지번부여지역별(동 · 리 별)로 차례대로(북서기번법) 부여한다.
- 신규등록 및 등록전환: 원칙 − 부번
  예외 − 본번(**최종** 인접, 멀리 **떨**, **여러**)
- 분할 − 종전지번(건축물 우선) + 최종부번의 다음 순번의 부번
- 합병 − (본번중) 선순위 지번 (건축물 있는 지번은 '신청'시 우선부여)
- 도시개발사업의 지번부여: 원칙 − 본번
- 도시개발사업의 지번부여방법을 준용하는 경우 − (지), (축), (행)
- (지)번변경 − 시 · 도지사 또는 대도시 시장의 승인을 받아 지적소관청이
  (축)척변경,
  (행)정구역개편시 새 지번부여

✦ **면적**: 최소 면적 1제곱미터, 1/600과 도시개발사업시행지역은 0.1제곱미터
끝수 처리 5사5입

지문비교

01 지번은 국토교통부장관이 시·군·구별로 차례대로 부여한다. ·················· (×)

02 지적소관청은 지번을 변경할 필요가 있다고 인정하면 시·도지사나 대도시 시장의 승인을 받아 지번부여지역의 전부 또는 일부에 대하여 지번을 새로 부여할 수있다. ··· (○)

03 지적소관청이 지번을 변경하기 위해서는 국토교통부장관의 승인을 받아야 한다.
··· (×)

04 축척변경 시행지역의 필지에 지번을 부여할 때에는 그 지번부여지역에서 인접토지의 본번에 부번을 붙여서 지번을 부여한다. ································· (×)

05 토지등록전환에 따른 지번부여 시 대상토지가 그 지번부여지역의 최종 지번의토지에 인접하여 있는 경우 그 지번부여지역의 최종 본번의 다음 순번부터 본번으로 하여 순차적으로 지번을 부여할 수 있다. ······························· (○)

06 지적도 축척이 600분의 1인 지역에서 신규등록할 1필지의 면적을 측정한 값이145.450제곱미터인 경우 토지대장에 등록하는 면적의 결정은 145.5제곱미터이다. ··· (×)

기출문제

01 공간정보의 구축 및 관리 등에 관한 법령상 등록전환에 따른 지번부여 시 그 지번부여지역의 최종 본번의 다음 순번부터 본번으로 하여 순차적으로 지번을 부여할 수 있는 경우에 해당하는 것을 모두 고른 것은? 2024

> ㉠ 대상토지가 여러 필지로 되어 있는 경우
> ㉡ 대상토지가 그 지번부여지역의 최종 지번의 토지에 인접하여 있는 경우
> ㉢ 대상토지가 이미 등록된 토지와 멀리 떨어져 있어서 등록된 토지의 본번에 부번을 부여하는 것이 불합리한 경우

① ㉠
② ㉠, ㉡
③ ㉠, ㉢
④ ㉡, ㉢
⑤ ㉠, ㉡, ㉢

☑정답 ⑤

02 공간정보의 구축 및 관리 등에 관한 법령상 지적확정측량을 실시한 지역의 각 필지에 지번을 새로 부여하는 방법을 준용하는 것을 모두 고른 것은? 2017

> ㉠ 지번부여지역의 지번을 변경할 때
> ㉡ 행정구역 개편에 따라 새로 지번을 부여할 때
> ㉢ 축척변경 시행지역의 필지에 지번을 부여할 때
> ㉣ 등록사항정정으로 지번을 정정하여 부여할 때
> ㉤ 바다로 된 토지가 등록 말소된 후 다시 회복등록을 위해 지번을 부여할 때

① ㉠
② ㉠, ㉡
③ ㉠, ㉡, ㉢
④ ㉠, ㉡, ㉢, ㉣
⑤ ㉡, ㉢, ㉣, ㉤

해설 지번변경, 축척변경, 행정구역개편 시 새지번부여는 도시개발사업시행지역의 지번부여방법을 준용한다.

☑정답 ③

03 공간정보의 구축 및 관리 등에 관한 법령상 지적도의 축척이 600분의 1인 지역에서 신규등록할 1필지의 면적을 측정한 값이 145.450m²인 경우 토지대장에 등록하는 면적의 결정으로 옳은 것은? 2023

① 145m²
② 145.4m²
③ 145.45m²
④ 145.5m²
⑤ 146m²

☑정답 ②

필수테마 22 | 지목

핵심 정리

❖ **물 관련 지목 모음**

2. 답

    물을 상시적으로 직접 이용하여 벼 · 연(蓮) · 미나리 · 왕골 등의 식물을 주로 재배하는 토지

6. 광천지

    지하에서 온수 · 약수 · 석유류 등이 용출되는 용출구(湧出口)와 그 유지(維持)에 사용되는 부지. (일정한 장소로 운송하는 송수관 · 송유관 및 저장시설의 부지는 제외)

16. 제방

    조수 · 자연유수(自然流水) · 모래 · 바람 등을 막기 위하여 설치된 방조제 · 방수제 · 방사제 · 방파제 등의 부지

17. 하천

    자연의 유수(流水)가 있거나 있을 것으로 예상되는 토지

18. 구거

    용수(用水) 또는 배수(排水)를 위하여 일정한 형태를 갖춘 **인공적**인 수로 · 둑 및 그 부속시설물의 부지와 자연의 유수(流水)가 있거나 있을 것으로 예상되는 **소규모** 수로 부지

19. 유지(溜池)

    물이 고이거나 상시적으로 물을 저장하고 있는 댐 · 저수지 · 소류지(沼溜地) · 호수 · 연못 등의 토지와 연 · 왕골 등이 <u>**자생**하는 배수가 잘 되지 아니하는 토지</u>

20. 양어장

    육상에 인공으로 조성된 수산생물의 번식 또는 양식을 위한 시설을 갖춘 부지와 이에 접속된 부속시설물의 부지

21. 수도용지

    물을 정수하여 **공급**하기 위한 취수 · 저수 · 도수(導水) · 정수 · 송수 및 배수 시설의 부지 및 이에 접속된 부속시설물의 부지

❖ **차문자 − 주(차)장, 공(장)용지, 하(천), 유(원)지**

지문비교

01 물을 상시적으로 직접 이용하여 벼·연(蓮)·미나리·왕골 등의 식물을 주로 재배하는 토지는 '답'으로 한다. ···(○)

02 물이 고이거나 상시적으로 물을 저장하고 있는 댐·저수지·소류지(沼溜地)·호수·연못 등의 토지와 연·왕골 등이 자생하는 배수가 잘 되지 아니하는 토지는 '유지'로 한다. ··(○)

03 물이 고이거나 상시적으로 물을 저장하고 있는 댐·저수지·소류지(沼溜地)·호수·연못 등의 토지와 물을 상시적으로 직접 이용하여 연(蓮)·왕골 등의 식물을 주로 재배하는 토지는 "유지"로 한다. ··(×)

04 지하에서 온수·약수·석유류 등이 용출되는 용출구(湧出口)와 그 유지(維持)에 사용되는 부지는 '광천지'로 한다. 다만, 온수·약수·석유류 등을 일정한 장소로 운송하는 송수관·송유관 및 저장시설의 부지는 제외한다. ··················(○)

05 온수·약수·석유류 등을 일정한 장소로 운송하는 송수관·송유관 및 저장시설의 부지는 "광천지"로 한다. ··(×)

06 조수·자연유수(自然流水)·모래·바람 등을 막기 위하여 설치된 방조제·방수제·방사제·방파제 등의 부지는 '제방'으로 한다. ··(○)

07 자연의 유수(流水)가 있거나 있을 것으로 예상되는 토지는 '하천'으로 한다.
···(○)

08 자연의 유수(流水)가 있거나 있을 것으로 예상되는 소규모 수로부지는 '구거'로 한다. ···(○)

09 사과·배·밤·호두·귤나무 등 과수류를 집단적으로 재배하는 토지와 이에 접속된 주거용 건축물의 부지는 "과수원"으로 한다. ·····································(×)

10 사과·배·밤·호두·귤나무 등 과수류를 집단적으로 재배하는 토지는 "과수원"으로 한다. 다만 이에 접속된 주거용 건축물의 부지는 "대"로 한다. ··········(○)

11 종교용지에 있는 유적·고적·기념물 등을 보호하기 위하여 구획된 토지는 "사적지"로 한다. ·· (×)

12 종교용지에 있는 유적·고적·기념물 등을 보호하기 위하여 구획된 토지는 "사적지"에서 제외되므로 종교용지에 해당한다. ································· (○)

기출문제

01 공간정보의 구축 및 관리 등에 관한 법령상 지목의 구분에 관한 설명으로 틀린 것은?
2021

① 바닷물을 끌어들여 소금을 채취하기 위하여 조성된 토지와 이에 접속된 제염장(製鹽場) 등 부속시설물의 부지는 "염전"으로 한다. 다만, 천일제염 방식으로 하지 아니하고 동력으로 바닷물을 끌어들여 소금을 제조하는 공장시설물의 부지는 제외한다.

② 저유소(貯油所) 및 원유저장소의 부지와 이에 접속된 부속시설물의 부지는 "주유소용지"로 한다. 다만, 자동차·선박·기차 등의 제작 또는 정비공장 안에 설치된 급유·송유시설 등의 부지는 제외한다.

③ 물이 고이거나 상시적으로 물을 저장하고 있는 댐·저수지·소류지(沼溜地)·호수·연못 등의 토지와 물을 상시적으로 직접 이용하여 연(蓮)·왕골 등의 식물을 주로 재배하는 토지는 "유지"로 한다.

④ 일반 공중의 보건·휴양 및 정서생활에 이용하기 위한 시설을 갖춘 토지로서 「국토의 계획 및 이용에 관한 법률」에 따라 공원 또는 녹지로 결정·고시된 토지는 "공원"으로 한다.

⑤ 용수(用水) 또는 배수(排水)를 위하여 일정한 형태를 갖춘 인공적인 수로·둑 및 그 부속시설물의 부지와 자연의 유수(流水)가 있거나 있을 것으로 예상되는 소규모 수로부지는 "구거"로 한다.

[해설] 물을 상시적으로 직접 이용하여 연(蓮)·왕골 등의 식물을 주로 재배하는 토지는 유지가 아닌 답으로 한다. 반면 연·왕골 등이 **자생**하는 배수가 잘 되지 아니하는 토지는 유지로 한다.
◈ 정답 ③

02 공간정보의 구축 및 관리 등에 관한 법령상 지목을 지적도에 등록하는 때에 표기하는 부호로서 옳은 것은?

2019

① 광천지 − 천   ② 공장용지 − 공   ③ 유원지 − 유
④ 제방 − 제   ⑤ 도로 − 로

해설 광천지 − 광○, 천×
      공장용지 − 장○, 공×
      유원지 − 원○, 유×
      제방 − 제○
      도로 − 도○, 로×

✅정답 ④

03 공간정보의 구축 및 관리 등에 관한 법령상 지목의 구분에 관한 설명으로 옳은 것은?

2022

① 온수·약수·석유류 등을 일정한 장소로 운송하는 송수관·송유관 및 저장시설의 부지는 "광천지"로 한다.

② 사과·배·밤·호두·귤나무 등 과수류를 집단적으로 재배하는 토지와 이에 접속된 주거용 건축물의 부지는 "과수원"으로 한다.

③ 종교용지에 있는 유적·고적·기념물 등을 보호하기 위하여 구획된 토지는 "사적지"로 한다.

④ 물을 정수하여 공급하기 위한 취수·저수·도수(導水)·정수·송수 및 배수시설의 부지 및 이에 접속된 부속시설물의 부지는 "수도용지"로 한다.

⑤ 교통 운수를 위하여 일정한 궤도 등의 설비와 형태를 갖추어 이용되는 토지와 이에 접속된 차고·발전시설 등 부속시설물의 부지는 "도로"로 한다.

해설 ① 온수·약수·석유류 등을 일정한 장소로 운송하는 송수관·송유관 및 저장시설의 부지는 "광천지"에서 제외한다.

② 사과·배·밤·호두·귤나무 등 과수류를 집단적으로 재배하는 토지는 "과수원"으로 한다. 다만 이에 접속된 주거용 건축물의 부지는 "대"로 한다.

③ 종교용지에 있는 유적·고적·기념물 등을 보호하기 위하여 구획된 토지는 "사적지"에서 제외한다.

⑤ 교통 운수를 위하여 일정한 궤도 등의 설비와 형태를 갖추어 이용되는 토지와 이에 접속된 차고·발전시설 등 부속시설물의 부지는 "철도용지"로 한다.

✅정답 ④

04 공간정보의 구축 및 관리 등에 관한 법령상 지목의 구분으로 옳은 것은? 2023

① 온수 · 약수 · 석유류 등을 일정한 장소로 운송하는 송수관 · 송유관 및 저장시설의 부지는 "광천지"로 한다.
② 일반 공중의 종교의식을 위하여 예배 · 법요 · 설교 · 제사 등을 하기 위한 교회 · 사찰 · 향교 등 건축물의 부지와 이에 접속된 부속시설물의 부지는 "사적지"로 한다.
③ 자연의 유수(流水)가 있거나 있을 것으로 예상되는 토지는 "구거"로 한다.
④ 제조업을 하고 있는 공장시설물의 부지와 같은 구역에 있는 의료시설 등 부속시설물의 부지는 "공장용지"로 한다.
⑤ 일반 공중의 보건 · 휴양 및 정서생활에 이용하기 위한 시설을 갖춘 토지로서 「국토의 계획 및 이용에 관한 법률」에 따라 공원 또는 녹지로 결정 · 고시된 토지는 "체육용지"로 한다.

해설 ① 운송 – "광천지"에서 제외한다.
② 종교용지
③ 하천으로 한다. 소규모 수로나 인공적 수로는 '구거'
⑤ "공원"으로 한다.

☑ 정답 ④

05 공간정보의 구축 및 관리 등에 관한 법령상 지목을 '잡종지'로 정할 수 있는 기준에 대한 내용으로 틀린 것은? (단, 원상회복을 조건으로 돌을 캐내는 곳 또는 흙을 파내는 곳으로 허가된 토지는 제외함) 2024

① 공항시설 및 항만시설 부지
② 변전소, 송신소, 수신소 및 송유시설 등의 부지
③ 도축장, 쓰레기처리장 및 오물처리장 등의 부지
④ 모래 · 바람 등을 막기 위하여 설치된 방사제 · 방파제 등의 부지
⑤ 갈대밭, 실외에 물건을 쌓아두는 곳, 돌을 캐내는 곳, 흙을 파내는 곳, 야외시장 및 공동우물

☑ 정답 ④

필수테마 23 | 경계

지상경계설정	
① 높낮이 차이 × : 그 구조물 등의 중앙	구조물 등의 소유자가 다른 경우 소유권에 따라 결정
② 높낮이 차이 ○ : 그 구조물 등의 하단부	
③ 절토(切土)된 부분이 있는 경우 : 그 경사면의 상단부	
④ 토지가 해면 또는 수면에 접하는 경우 : 최대만조위 또는 최대만수위가 되는 선	
⑤ 공유수면매립지의 토지 중 제방 등을 토지에 편입하여 등록하는 경우 : 바깥쪽 어깨부분	

지상경계점등록부

① **지적소관청**은 토지의 이동(異動)에 따라 지상경계를 새로 정한 경우에는 국토교통부령으로 정하는 바에 따라 지상 경계점 등록부를 작성·관리하여야 한다.

② 지상 경계점을 등록하려는 때에는 지상 경계점 등록부에 다음 각 호의 사항을 등록하여야 한다.

1. 토지의 소재
2. 지번
3. 경계점 좌표(경계점좌표등록부 시행지역에 한정한다)
4. 경계점 위치 설명도
5. 경계점의 사진 파일
6. 공부상 지목과 실제 토지 이용지목
7. 경계점 표지의 종류 및 경계점 위치

지문비교

01 토지의 지상경계는 둑, 담장이나 그 밖에 구획의 목표가 될 만한 구조물 및 경계점표지 등으로 구분한다. ·· (○)

02 토지가 해면 또는 수면에 접하는 경우 평균해수면이 되는 선을 지상 경계의 결정기준으로 한다. ··· (×)

03 공유수면매립지의 토지 중 제방 등을 토지에 편입하여 등록하는 경우 지상경계의 결정기준은 바깥쪽 어깨부분으로 한다. ··· (○)

04 지상경계점등록부에는 토지의 소재, 공부상 지목과 실제 토지이용 지목, 경계점의 사진 파일, 경계점표지의 종류 및 경계점 위치, 지적도면의 번호를 등록한다. ··· (×)

05 지적소관청은 토지의 이동에 따라 지상경계를 새로 정한 경우에는 경계점 위치 설명도 등을 등록한 경계점좌표등록부를 작성·관리하여야 한다. ············· (×)

06 지적공부에 등록된 경계점을 지상에 복원하는 경우에는 지상경계점등록부를 작성·관리하여야 한다. ··· (×)

기출문제

01 공간정보의 구축 및 관리 등에 관한 법령상 지상경계의 결정기준으로 옳은 것은? (단, 지상경계의 구획을 형성하는 구조물 등의 소유자가 다른 경우는 제외함) 2021

① 연접되는 토지 간에 높낮이 차이가 있는 경우: 그 구조물 등의 하단부
② 공유수면매립지의 토지 중 제방 등을 토지에 편입하여 등록하는 경우: 그 경사면의 하단부
③ 도로·구거 등의 토지에 절토(땅깎기)된 부분이 있는 경우: 바깥쪽 어깨부분
④ 토지가 해면 또는 수면에 접하는 경우: 최소만조위 또는 최소만수위가 되는 선
⑤ 연접되는 토지 간에 높낮이 차이가 없는 경우: 그 구조물 등의 상단부

✎정답 ①

02 공간정보의 구축 및 관리 등에 관한 법령상 지적소관청이 토지의 이동에 따라 지상 경계를 새로 정한 경우에 경계점 위치 설명도와 경계점 표지의 종류 등을 등록하여 관리하는 장부는? 2019

① 토지이동조사부
② 부동산종합공부
③ 경계점좌표등록부
④ 지상경계점등록부
⑤ 토지이동정리결의서

⊘ 정답 ④

03 공간정보의 구축 및 관리 등에 관한 법령상 지상경계점등록부의 등록사항으로 <u>틀린</u> 것은? 2023

① 지적도면의 번호
② 토지의 소재
③ 공부상 지목과 실제 토지이용 지목
④ 경계점의 사진 파일
⑤ 경계점표지의 종류 및 경계점 위치

⊘ 정답 ①

04 공간정보의 구축 및 관리 등에 관한 법령상 지상경계 및 지상경계점등록부 등에 관한 설명으로 <u>틀린</u> 것은? 2024

① 지적공부에 등록된 경계점을 지상에 복원하는 경우에는 지상경계점등록부를 작성·관리하여야 한다.
② 토지의 지상경계는 둑, 담장이나 그 밖에 구획의 목표가 될 만한 구조물 및 경계점표지 등으로 구분한다.
③ 지상경계의 구획을 형성하는 구조물 등의 소유자가 다른 경우에는 그 소유권에 따라 지상경계를 결정한다.
④ 경계점 좌표는 경계점좌표등록부 시행지역의 지상경계점등록부의 등록사항이다.
⑤ 토지의 소재, 지번, 공부상 지목과 실제 토지이용 지목, 경계점의 사진 파일은 지상경계점등록부의 등록사항이다.

⊘ 정답 ①

필수테마 24 | 토지의 이동

핵심 정리

구분	지적 측량	신청의무	등기 촉탁	비고
신규등록	○	60일	×	
등록전환	○	60일	○	
분할	○	원칙 − 분할신청의무 ×	○	
		일부형질변경시 60일내 의무(+지목변경신청서)		
합병	×	원칙 − 합병신청의무 ×	○	
		ⓐ 공동주택부지, ⓑ 공공사업 60일 이내 의무		
지목변경	×	60일 이내	○	
축척변경	○	·	○	
바다로된 토지 말소	○	통지를 받은 날로부터 90일 이내	○	

제80조(합병 신청) ① 토지소유자는 토지를 합병하려면 대통령령으로 정하는 바에 따라 지적소관청에 합병을 신청하여야 한다.

② 토지소유자는 「주택법」에 따른 공동주택의 부지, 도로, 제방, 하천, 구거, 유지, 그 밖에 대통령령으로 정하는 토지로서 합병하여야 할 토지가 있으면 그 사유가 발생한 날부터 60일 이내에 지적소관청에 합병을 신청하여야 한다.

1필지의 성립요건: 어떠한 토지가 1필지로 성립되기 위해서는 동일한 지번부여지역 안의 토지로서 소유자와 용도가 같고 지반이 연속되어 있어야 한다.
- 지번부여지역이 동일할 것: 지번부여지역이라 함은 지번을 부여하는 단위지역으로 동·리 또는 이에 준하는 지역을 말한다.
- 소유자가 동일할 것: 공유토지라면 지분도 동일하여야 한다.
- 지목(용도)이 동일할 것
- 축척이 동일할 것
- 지반이 연속될 것: 합병하려는 각 필지가 서로 연접하지 않은 경우는 합병이 제한된다.
- 등기 여부가 동일할 것: 1필지가 되기 위해서는 전부가 미등기되어 있거나 전부가 등기 되어 있어야 한다.

지문비교

01 등록전환 시 임야대장의 면적과 등록전환 될 면적의 차이가 일정한 오차의 허용 범위를 초과하는 경우에는 토지소유자는 임야대장 면적을 정정하도록 신청하여야 한다. ·· (×)

02 등록전환 시 임야대장의 면적과 등록전환 될 면적의 차이가 일정한 오차의 허용 범위 이내인 경우에는 임야대장에 등록된 면적을 등록전환면적으로 결정한다. ·· (×)

03 지적소관청으로부터 지적공부의 등록말소 신청을 하도록 통지를 받은 토지소유자가 통지를 받은 날부터 60일 이내에 등록말소 신청을 하지 아니하면, 지적소관청은 직권으로 그 지적공부의 등록사항을 말소하여야 한다. ···················· (×)

04 토지소유자는 도로, 제방, 하천, 구거, 유지의 토지로서 합병하여야 할 토지가 있으면 그 사유가 발생한 날부터 90일 이내에 지적소관청에 합병을 신청하여야 한다. ·· (×)

기출문제

01 공간정보의 구축 및 관리 등에 관한 법령상 등록전환을 할 때 임야대장의 면적과 등록전환될 면적의 차이가 오차의 허용범위를 초과하는 경우 처리방법으로 옳은 것은? *2020*
① 지적소관청이 임야대장의 면적 또는 임야도의 경계를 직권으로 정정하여야 한다.
② 지적소관청이 시·도지사의 승인을 받아 허용범위를 초과하는 면적을 등록전환 면적으로 결정하여야 한다.
③ 지적측량수행자가 지적소관청의 승인을 받아 허용범위를 초과하는 면적을 등록전환 면적으로 결정하여야 한다.
④ 지적측량수행자가 토지소유자와 합의한 면적을 등록전환 면적으로 결정하여야 한다.
⑤ 지적측량수행자가 임야대장의 면적 또는 임야도의 경계를 직권으로 정정하여야 한다.

02 공간정보의 구축 및 관리 등에 관한 법령상 지적공부에 등록된 토지가 지형의 변화 등으로 바다로 된 토지의 등록말소 및 회복 등에 관한 설명으로 틀린 것은? 2019

① 지적소관청은 지적공부에 등록된 토지가 지형의 변화 등으로 바다로 된 경우로서 원상(原狀)으로 회복될 수 없는 경우에는 지적공부에 등록된 토지소유자에게 지적공부의 등록말소 신청을 하도록 통지하여야 한다.

② 지적소관청은 바다로 된 토지의 등록말소 신청에 의하여 토지의 표시 변경에 관한 등기를 할 필요가 있는 경우에는 지체 없이 관할 등기관서에 그 등기를 촉탁하여야 한다.

③ 지적소관청이 직권으로 지적공부의 등록사항을 말소한 후 지형의 변화 등으로 다시 토지가 된 경우에 토지로 회복등록을 하려면 그 지적측량성과 및 등록말소 당시의 지적공부 등 관계 자료에 따라야 한다.

④ 지적소관청으로부터 지적공부의 등록말소 신청을 하도록 통지를 받은 토지소유자가 통지를 받은 날부터 60일 이내에 등록말소 신청을 하지 아니하면, 지적소관청은 직권으로 그 지적공부의 등록사항을 말소하여야 한다.

⑤ 지적소관청이 직권으로 지적공부의 등록사항을 말소하거나 회복등록하였을 때에는 그 정리 결과를 토지소유자 및 해당 공유수면의 관리청에 통지하여야 한다.

03 공간정보의 구축 및 관리 등에 관한 법령상 토지의 합병 및 지적공부의 정리 등에 관한 설명으로 **틀린** 것은? 2019

① 합병에 따른 면적은 따로 지적측량을 하지 않고 합병 전 각 필지의 면적을 합산하여 합병 후 필지의 면적으로 결정한다.

② 토지소유자가 합병 전의 필지에 주거·사무실 등의 건축물이 있어서 그 건축물이 위치한 지번을 합병 후의 지번으로 신청할 때에는 그 지번을 합병 후의 지번으로 부여하여야 한다.

③ 합병에 따른 경계는 따로 지적측량을 하지 않고 합병 전 각 필지의 경계 중 합병으로 필요 없게 된 부분을 말소하여 합병 후 필지의 경계로 결정한다.

④ 지적소관청은 토지소유자의 합병신청에 의하여 토지의 이동이 있는 경우에는 지적공부를 정리하여야 하며, 이 경우에는 토지이동정리 결의서를 작성하여야 한다.

⑤ 토지소유자는 도로, 제방, 하천, 구거, 유지의 토지로서 합병하여야 할 토지가 있으면 그 사유가 발생한 날부터 90일 이내에 지적소관청에 합병을 신청하여야 한다.

ⓒ 정답 ⑤

04 공간정보의 구축 및 관리 등에 관한 법령상 지적소관청은 토지의 이동 등으로 토지의 표시 변경에 관한 등기를 할 필요가 있는 경우에는 지체 없이 관할 등기관서에 그 등기를 촉탁하여야 한다. 이 경우 등기촉탁의 대상이 <u>아닌</u> 것은? 2024

① 지목변경   ② 지번변경   ③ 신규등록
④ 축척변경   ⑤ 합병

ⓒ 정답 ③

05 공간정보의 구축 및 관리 등에 관한 법령상 합병 신청을 할 수 없는 경우에 관한 내용으로 **틀린** 것은? (단, 다른 조건은 고려하지 아니함) 2024

① 합병하려는 토지의 지목이 서로 다른 경우
② 합병하려는 토지의 소유자별 공유지분이 다른 경우
③ 합병하려는 토지의 지번부여지역이 서로 다른 경우
④ 합병하려는 토지의 소유자에 대한 소유권이전등기 연월일이 서로 다른 경우
⑤ 합병하려는 토지의 지적도 축척이 서로 다른 경우

ⓒ 정답 ④

필수테마 25 | 등록사항 정정

핵심 정리

시행규칙 제94조【등록사항 정정 대상토지의 관리 등】 ① 지적소관청은 토지의 표시가 잘못되었음을 발견하였을 때에는 <u>지체 없이</u> 등록사항 정정에 필요한 서류와 등록사항 정정 측량성과도를 작성하고, 영 제84조 제2항에 따라 토지이동정리 결의서를 작성한 후 대장의 사유란에 "<u>등록사항정정 대상토지</u>"라고 적고, 토지소유자에게 등록사항 정정 신청을 할 수 있도록 그 사유를 통지하여야 한다. 다만, 영 제82조 제1항에 따라 지적소관청이 직권으로 정정할 수 있는 경우에는 토지소유자에게 통지를 하지 아니할 수 있다.

② 제1항에 따른 등록사항 정정 대상토지에 대한 대장을 열람하게 하거나 등본을 발급하는 때에는 "등록사항 정정 대상토지"라고 적은 부분을 흑백의 반전(反轉)으로 표시하거나 붉은색으로 적어야 한다.

✦ **직권정정사유**
1. **토지이동정리결의서**의 내용과 다르게 정리된 경우
2. 지적도 및 임야도에 등록된 필지가 <u>면적의 증감없이</u> 경계의 위치만 잘못된 경우
3. 1필지가 각각 다른 지적도 또는 임야도에 등록되어 있는 경우로서 지적공부에 등록된 면적과 측량한 실제면적은 <u>일치하지만</u> 지적도 또는 임야도에 등록된 경계가 서로 접합되지 않아 지적도 또는 임야도에 등록된 경계를 지상의 경계에 맞추어 정정하여야 하는 토지가 발견된 경우
4. 지적공부의 작성 또는 재작성 당시 잘못 정리된 경우
5. **지적측량성과**와 다르게 정리된 경우
6. 지적측량적부심사청구에 **지적위원회의 의결결과로** 등록사항을 정정하여야 하는 경우
7. 지적공부의 등록사항이 잘못 입력된 경우
8. 토지합필의 요건에 위반한 등기의 신청을 각하한 때에는 등기관은 지체 없이 그 사유를 지적소관청에 통지하여야 하는 바(등기법 제90조의3 제2항), 그 통지가 있는 경우 (지적소관청의 착오로 잘못 합병한 경우만 해당한다)
9. 면적의 단위가 척관법에서 미터법으로 변경됨에 따른 면적환산시에 잘못 등록된 경우
10. 등록전환 시 임야대장의 면적과 등록전환될 면적의 차이가 일정한 오차의 허용범위 **이내인** 경우에는 **등록전환될 면적을** 등록전환면적으로 결정하고, 허용범위를 **초과하**는 경우에는 임야대장의 면적 또는 임야도의 경계를 지적소관청이 **직권으로 정정하**여야 한다.

지문비교

01 지적소관청은 등록사항 정정 대상토지에 대한 대장을 열람하게 하거나 등본을 발급하는 때에는 '지적불부합지'라고 적은 부분을 흑백의 반전(反轉)으로 표시하거나 굵은 고딕체로 적어야 한다. ······ (×)

02 지적소관청은 등록사항 정정 대상토지에 대한 대장을 열람하게 하거나 등본을 발급하는 때에는 '등록사항 정정 대상토지'라고 적은 부분을 흑백의 반전(反轉)으로 표시하거나 붉은색으로 적어야 한다. ······ (○)

03 지적도에 등록된 필지의 경계가 지상 경계와 일치하지 않아 면적의 증감이 있는 경우, 지적소관청이 직권으로 조사측량하여 정정할 수 있다. ······ (×)

04 지적도에 등록된 필지가 면적의 증감없이 경계의 위치만 잘못 등록된 경우, 지적소관청이 직권으로 조사측량하여 정정할 수 있다. ······ (○)

05 측량 준비 파일과 다르게 정리된 경우, 지적소관청이 직권으로 조사측량하여 정정할 수 있다. ······ (×)

06 지적 측량 성과와 다르게 정리된 경우, 지적소관청이 직권으로 조사측량하여 정정할 수 있다. ······ (○)

07 연속지적도가 잘못 작성된 경우, 지적소관청이 직권으로 조사측량하여 정정할 수 있다. ······ (×)

기출문제

01 다음은 공간정보의 구축 및 관리 등에 관한 법령상 등록사항 정정 대상토지에 대한 대장의 열람 또는 등본의 발급에 관한 설명이다. (   )에 들어갈 내용으로 옳은 것은?

2020

> 지적소관청은 등록사항 정정 대상토지에 대한 대장을 열람하게 하거나 등본을 발급하는 때에는 (㉠)라고 적은 부분을 흑백의 반전(反轉)으로 표시하거나 (㉡)(으)로 적어야 한다.

① ㉠: 지적불부합지, ㉡: 붉은색

② ㉠: 지적불부합지, ㉡: 굵은 고딕체

③ ㉠: 지적불부합지, ㉡: 담당자의 자필(自筆)

④ ㉠: 등록사항 정정 대상토지, ㉡: 붉은색

⑤ ㉠: 등록사항 정정 대상토지, ㉡: 굵은 고딕체

해설 시행규칙 제94조(등록사항 정정 대상토지의 관리 등) ① 지적소관청은 토지의 표시가 잘못되었음을 발견하였을 때에는 지체 없이 등록사항 정정에 필요한 서류와 등록사항 정정 측량성과도를 작성하고, 영 제84조 제2항에 따라 토지이동정리 결의서를 작성한 후 대장의 사유란에 "등록사항정정 대상토지"라고 적고, 토지소유자에게 등록사항 정정 신청을 할 수 있도록 그 사유를 통지하여야 한다. 다만, 영 제82조 제1항에 따라 지적소관청이 직권으로 정정할 수 있는 경우에는 토지소유자에게 통지를 하지 아니할 수 있다.

② 제1항에 따른 등록사항 정정 대상토지에 대한 대장을 열람하게 하거나 등본을 발급하는 때에는 "등록사항 정정 대상토지"라고 적은 부분을 흑백의 반전으로 표시하거나 붉은색으로 적어야 한다.

◎ 정답 ④

02 공간정보의 구축 및 관리 등에 관한 법령상 지적소관청이 지적공부의 등록사항에 잘못이 있는지를 직권으로 조사·측량하여 정정할 수 있는 경우를 모두 고른 것은?

2019

> ㉠ 지적공부의 작성 또는 재작성 당시 잘못 정리된 경우
> ㉡ 지적도에 등록된 필지의 경계가 지상 경계와 일치하지 않아 면적의 증감이 있는 경우
> ㉢ 측량 준비 파일과 다르게 정리된 경우
> ㉣ 지적공부의 등록사항이 잘못 입력된 경우

① ㉢ ② ㉣ ③ ㉠, ㉣
④ ㉡, ㉢ ⑤ ㉠, ㉢, ㉣

해설 ㉡ 면적 증감이 없는 경우에만 직권정정이 가능
　　 ㉢ 측량준비파일과 다른 경우 → 토지이동정리결의서와 다르게 정리된 경우 또는 지적측량성과와 다르게 정리된 경우

☞ 정답 ③

03 공간정보의 구축 및 관리 등에 관한 법령상 지적소관청이 지적공부의 등록사항에 잘못이 있는지를 직권으로 조사·측량하여 정정할 수 있는 경우를 모두 고른 것은?

2024

① 연속지적도가 잘못 작성된 경우
② 지적공부의 작성 또는 재작성 당시 잘못 정리된 경우
③ 토지이동정리 결의서의 내용과 다르게 정리된 경우
④ 지적도 및 임야도에 등록된 필지가 면적의 증감 없이 경계의 위치만 잘못된 경우
⑤ 지방지적위원회 또는 중앙지적위원회의 의결서 사본을 받은 지적소관청이 그 내용에 따라 지적공부의 등록사항을 정정하여야 하는 경우

☞ 정답 ①

필수테마 26 | 축척변경

핵심 정리

1. 토지소유자의 신청(소유자 → 지적소관청) 또는 지적소관청의 직권으로 축척변경(소유자 2/3 이상의 동의서 필요)
2. 축척변경의 승인신청은 지적소관청이 시·도지사에게 동의서와 의결서 등을 첨부하여 신청

   * 도시개발사업시행에서 제외된 토지나 합병하려는 토지의 지적도 축척이 달라 축척변경 하는 경우에는 위원회의 의결 및 시·도지사의 승인을 요하지 아니한다.
3. 동의 + 의결 + 승인 → 시행공고(20일 이상) → 청산금공고(15일 이상) → 확정공고(본다)
   ① 측량전후면적이 허용면적 이하이거나 소유자 전원 합의 — 청산 ×
   ② 청산금 — 지적소관청이 조사, 축척변경위원회 의결
   ③ 납부고지, 수령통지 — 공고일부터 20일 이내
   ④ 납부 — 고지받은 날부터 6월이내 / 수령(지급) — 통지한 날부터 6월이내
   ⑤ 고지 또는 통지 받은 날부터 1월이내에 지적소관청에 이의신청
   ⑥ 이의신청을 받은 지적소관청은 1개월 이내에 축척변경위원회의 심의·의결을 거쳐 그 인용(認容) 여부를 결정한 후 지체 없이 그 내용을 이의신청인에게 통지하여야 한다.

구성	− 5인 이상 10인 이내 − 토지소유자가 1/2 이상 − 시행지역 안의 토지소유자가 5인 이하인 때에는 소유자 전원을 위촉 − 위원은 당해 시행지역내의 토지소유자 중 지역사정에 정통한 자와 지적에 관한 전문지식을 가진 자중 지적소관청이 위촉한다. − 위원장은 위원 중에서 지적소관청이 지명한다.
심의, 의결	− 축척변경시행계획안에 관한 사항 − 청산금산출 및 지번별 m²당 가격결정에 관한 사항 − 청산금에 대한 이의신청에 관한 사항 − 기타 축척변경에 관하여 지적소관청이 부의한 사항
회의	위원장 포함한 재적위원 과반수 출석개의, 출석위원 과반수 찬성의결

지문비교

01 축척변경위원회는 5명 이상 15명 이하의 위원으로 구성하되, 위원의 3분의 2 이상을 토지소유자로 하여야 한다. 이 경우 그 축척변경 시행지역의 토지소유자가 5명 이하일 때에는 토지소유자 전원을 위원으로 위촉하여야 한다. ············ (×)

02 축척변경위원회는 5명 이상 10명 이하의 위원으로 구성하되, 위원의 2분의 1 이상을 토지소유자로 하여야 한다. 이 경우 그 축척변경 시행지역의 토지소유자가 5명 이하일 때에는 토지소유자 전원을 위원으로 위촉하여야 한다. ············ (○)

03 축척변경을 신청하는 토지소유자는 축척변경사유를 적은 신청서에 축척변경 시행지역의 토지소유자 2분의 1 이상의 동의서를 첨부하여 지적소관청에 제출하여야 한다. ·· (×)

04 축척변경을 신청하는 토지소유자는 축척변경사유를 적은 신청서에 축척변경 시행지역의 토지소유자 3분의 2 이상의 동의서를 첨부하여 지적소관청에 제출하여야 한다. ·· (○)

05 지적소관청은 시·도지사 또는 대도시 시장으로부터 축척변경 승인을 받은 때에는 지체 없이 축척변경의 목적, 시행지역, 시행기간, 세부계획, 청산방법, 소유자 등의 협조사항 등을 20일 이상 공고하여야 한다. ···································· (○)

06 지적소관청은 축척변경에 관한 측량을 완료하였을 때에는 축척변경 신청일 현재의 지적공부상의 면적과 측량 후의 면적을 비교하여 그 변동사항을 표시한 토지이동현황 조사서를 작성하여야 한다. ··· (×)

07 지적소관청은 축척변경에 관한 측량을 완료하였을 때에는 축척변경 시행공고일 현재의 지적공부상의 면적과 측량 후의 면적을 비교하여 그 변동사항을 표시한 지번별조서를 작성하여야 한다. ··· (○)

08 축척변경에 따른 청산금의 납부 및 지급이 완료되었을 때에는 지적소관청은 지체 없이 축척변경의 확정공고를 하고 확정된 사항을 지적공부에 등록하여야 한다. ·· (○)

09 도시개발사업 등의 시행지역에 있는 토지로서 그 사업 시행에서 제외된 토지의 축척변경을 하는 경우 축척변경위원회의 심의 및 시·도지사 또는 대도시 시장의 승인을 받아야 한다. ··· (×)

기출문제

01 공간정보의 구축 및 관리 등에 관한 법령상 축척변경위원회의 구성과 회의 등에 관한 설명으로 옳은 것을 모두 고른 것은? 2019

> ㉠ 축척변경위원회의 회의는 위원장을 포함한 재적위원 과반수의 출석으로 개의(開議)하고, 출석위원 과반수의 찬성으로 의결한다.
> ㉡ 축척변경위원회는 5명 이상 15명 이하의 위원으로 구성하되, 위원의 3분의 2 이상을 토지소유자로 하여야 한다. 이 경우 그 축척변경 시행지역의 토지소유자가 5명 이하일 때에는 토지소유자 전원을 위원으로 위촉하여야 한다.
> ㉢ 위원은 해당 축척변경 시행지역의 토지소유자로서 지역 사정에 정통한 사람과 지적에 관하여 전문지식을 가진 사람 중에서 지적소관청이 위촉한다.

① ㉠   ② ㉡   ③ ㉠, ㉢
④ ㉡, ㉢   ⑤ ㉠, ㉡, ㉢

해설 ㉡ 5명 이상 15명 이하의 위원 → 5명 이상 10명 이하의 위원
2/3 이상 → 1/2 이상

☑ 정답 ③

02 공간정보의 구축 및 관리 등에 관한 법령상 축척변경위원회의 구성에 관한 내용이다. ( )에 들어갈 사항으로 옳은 것은? 2021

> 축척변경위원회는 (㉠) 이상 10명 이하의 위원으로 구성하되, 위원의 2분의 1 이상을 토지소유자로 하여야 한다. 이 경우 그 축척변경 시행지역의 토지소유자가 (㉡) 이하일 때에는 토지소유자 전원을 위원으로 위촉하여야 한다. 위원장은 위원 중에서 (㉢)이 지명한다.

① ㉠: 3명, ㉡: 3명, ㉢: 지적소관청
② ㉠: 5명, ㉡: 5명, ㉢: 지적소관청
③ ㉠: 5명, ㉡: 5명, ㉢: 국토교통부장관
④ ㉠: 7명, ㉡: 7명, ㉢: 지적소관청
⑤ ㉠: 7명, ㉡: 7명, ㉢: 국토교통부장관

☑ 정답 ②

03 공간정보의 구축 및 관리 등에 관한 법령상 축척변경에 관한 설명으로 **틀린** 것은?

2022

① 축척변경에 관한 사항을 심의·의결하기 위하여 지적소관청에 축척변경위원회를 둔다.
② 축척변경위원회의 위원장은 위원 중에서 지적소관청이 지명한다.
③ 지적소관청은 축척변경에 관한 측량을 완료하였을 때에는 축척변경 신청일 현재의 지적공부상의 면적과 측량 후의 면적을 비교하여 그 변동사항을 표시한 토지이동현황 조사서를 작성하여야 한다.
④ 지적소관청은 청산금의 결정을 공고한 날부터 20일 이내에 토지소유자에게 청산금의 납부고지 또는 수령통지를 하여야 한다.
⑤ 청산금의 납부 및 지급이 완료되었을 때에는 지적소관청은 지체 없이 축척변경의 확정공고를 하여야 한다.

해설 ③ 축척변경신청일 현재 → 시행공고일 현재
토지이동현황조사서 → 지번별조서

☑정답 ③

04 공간정보의 구축 및 관리 등에 관한 법령상 축척변경에 따른 청산금에 관한 이의신청에 대한 설명이다. ( )에 들어갈 내용으로 옳은 것은?

2022

• 납부고지되거나 수령통지된 청산금에 관하여 이의가 있는 자는 납부고지 또는 수령통지를 받은 날부터 (㉠)에 지적소관청에 이의신청을 할 수 있다.
• 이의신청을 받은 지적소관청은 (㉡)에 축척변경위원회의 심의·의결을 거쳐 그 인용(認容)여부를 결정한 후 지체 없이 그 내용을 이의신청인에게 통지하여야 한다.

① ㉠: 15일 이내, ㉡: 2개월 이내
② ㉠: 1개월 이내, ㉡: 2개월 이내
③ ㉠: 1개월 이내, ㉡: 1개월 이내
④ ㉠: 2개월 이내, ㉡: 1개월 이내
⑤ ㉠: 2개월 이내, ㉡: 15일 이내

☑정답 ③

05 공간정보의 구축 및 관리 등에 관한 법령상 축척변경에 관한 설명으로 옳은 것은?

2024

① 도시개발사업 등의 시행지역에 있는 토지로서 그 사업 시행에서 제외된 토지의 축척변경을 하는 경우 축척변경위원회의 심의 및 시·도지사 또는 대도시 시장의 승인을 받아야 한다.

② 지적소관청은 시·도지사 또는 대도시 시장으로부터 축척변경 승인을 받았을 때에는 지체 없이 축척변경의 목적, 시행지역 및 시행기간, 축척변경의 시행에 관한 세부계획, 축척변경의 시행에 따른 청산금액의 내용, 축척변경의 시행에 따른 토지소유자 등의 협조에 관한 사항을 15일 이상 공고하여야 한다.

③ 지적소관청은 축척변경에 관한 측량을 한 결과 측량 전에 비하여 면적의 증감이 있는 경우에는 그 증감면적에 대하여 청산을 하여야 한다. 다만, 토지소유자 3분의 2 이상이 청산하지 아니하기로 합의하여 서면으로 제출한 경우에는 그러하지 아니하다.

④ 지적소관청은 청산금을 내야 하는 자가 납부고지를 받은 날부터 1개월 이내에 청산금에 관한 이의신청을 하지 아니하고, 고지를 받은 날부터 3개월 이내에 지적소관청에 청산금을 내지 아니하면 「지방행정제재·부과금의 징수 등에 관한 법률」에 따라 징수할 수 있다.

⑤ 청산금의 납부 및 지급이 완료되었을 때에는 지적소관청은 지체 없이 축척변경의 확정공고를 하여야 하며, 확정공고 사항에는 토지의 소재 및 지역명, 축척변경 지번별 조서, 청산금 조서, 지적도의 축척이 포함되어야 한다.

                                                  ✓정답 ⑤

필수테마 27 | 특례신청과 지적정리 후 통지

핵심 정리

✤ **도시개발사업 등 시행지역의 토지이동 신청 특례**

　㉠ 사업의 착수·변경·완료 신고(15일 이내)(사업시행자가 지적소관청에)

　㉡ 착수·변경 신고된 사업은 해당사업 완료시까지 사업시행자가 지적소관청에 신청

> ⓐ 토지소유자가 토지의 이동을 원하는 경우–사업시행자에게 신청하도록 **요청** –
> 　사업시행자는 지장이 없다고 판단되면 지적소관청에 그 이동을 신청하여야 한다.
> ⓑ 주택건설사업시행자 파산 등 – 보증한자 또는 입주예정자 등이 신청할 수 있다.

　㉢ 환지수반사업 + 완료신고서에 기재 = 완료신고로 토지이동신청 갈음함

　㉣ 토지형질변경 공사 준공된 때 토지이동이 있는 것으로 본다. (착수된 때×)

✤ **지적정리 후 지적소관청이 토지소유자에게 통지**

　변경등기가 필요한 경우 – 등기완료통지서 접수일로부터 15일 이내

　변경등기가 필요하지 아니한 경우 – 지적공부에 등록한 날로부터 7일 이내

지문비교

01 「도시개발법」에 따른 도시개발사업의 시행자는 그 사업의 착수·변경 또는 완료 사실의 신고를 그 사유가 발생한 날부터 10일 이내에 시·도지사에게 하여야 한다.
·· (×)

02 「도시개발법」에 따른 도시개발사업의 시행자는 그 사업의 착수·변경 또는 완료 사실의 신고를 그 사유가 발생한 날부터 15일 이내에 지적소관청에게 하여야 한다.
·· (○)

03 도시개발사업 등의 사업시행자가 토지의 이동을 신청한 경우 토지의 이동은 토지의 형질변경 등의 공사가 착수(시행)된 때에 이루어진 것으로 본다. ······ (×)

04 도시개발사업 등의 사업시행자가 토지의 이동을 신청한 경우 토지의 이동은 토지의 형질변경 등의 공사가 준공된 때에 이루어진 것으로 본다. ··············· (○)

05 토지의 표시에 관한 변경등기가 필요하지 아니한 지적정리 등의 통지는 지적소관청이 지적공부에 등록한 날부터 10일 이내 해당 토지소유자에게 하여야 한다.
·· (×)

기출문제

01 다음은 공간정보의 구축 및 관리 등에 관한 법령상 도시개발사업 등 시행지역의 토지이동 신청 특례에 관한 설명이다. ( )에 들어갈 내용으로 옳은 것은? 2021

> • 「도시개발법」에 따른 도시개발사업, 「농어촌정비법」에 따른 농어촌정비사업 등의 사업시행자는 그 사업의 착수·변경 및 완료 사실을 (㉠)에(게) 신고하여야 한다.
> • 도시개발사업 등의 착수·변경 또는 완료 사실의 신고는 그 사유가 발생한 날부터 (㉡) 이내에 하여야 한다.

① ㉠: 시·도지사, ㉡: 15일
② ㉠: 시·도지사, ㉡: 30일
③ ㉠: 시·도지사, ㉡: 60일
④ ㉠: 지적소관청, ㉡: 15일
⑤ ㉠: 지적소관청, ㉡: 30일

해설 도시개발 사업 등 각종 토지개발사업의 착수신고, 변경신고, 완료신고는 사업시행자가 지적소관청에게 그 사유발생일로부터 15일 이내에 하여야 한다.

⚓정답 ④

02 공간정보의 구축 및 관리 등에 관한 법령상 지적소관청이 토지소유자에게 지적정리 등을 통지하여야 하는 시기에 대한 설명이다. ( )에 들어갈 내용으로 옳은 것은? 2023

> • 토지의 표시에 관한 변경등기가 필요하지 아니한 경우: (㉠)에 등록한 날부터 (㉡) 이내
> • 토지의 표시에 관한 변경등기가 필요한 경우: 그 (㉢)를 접수한 날부터 (㉣) 이내

① ㉠: 등기완료의 통지서, ㉡: 15일, ㉢: 지적공부, ㉣: 7일
② ㉠: 등기완료의 통지서, ㉡: 7일, ㉢: 지적공부, ㉣: 15일
③ ㉠: 지적공부, ㉡: 7일, ㉢: 등기완료의 통지서, ㉣: 15일
④ ㉠: 지적공부, ㉡: 10일, ㉢: 등기완료의 통지서, ㉣: 15일
⑤ ㉠: 지적공부, ㉡: 15일, ㉢: 등기완료의 통지서, ㉣: 7일

⚓정답 ③

필수테마 28 | 지적측량의 의의와 절차

핵심 정리

❖ **지적측량(지적재조사측량과 지적확정측량 포함)**

기초측량	① 지적삼각측량 ② 지적삼각보조측량 ③ 지적도근측량	지적측량기준점의 위치를 결정하기 위하여 실시하는 측량
세부측량 : 기초측량을 기준으로 1필지의 토지의 형상을 측정하기 위한 측량	① 지적복구측량 ② 신규등록측량 ③ 등록전환측량 ④ 분할측량 ⑤ 등록말소측량 ⑥ 축척변경측량 ⑦ 등록사항정정측량 ⑧ 지적확정측량 ⑨ 경계복원측량 ⑩ 지적현황측량 ⑪ 지적재조사 특별법에 따른 재조사 측량	⑤ 바다로 된 토지말소시 ⑧ 도시개발사업 등 시행시 ⑨ 경계점을 지상에 복원하기 위해 ⑩ 지상건축물의 현황을 도면의 경계와 대비하여 표시하기 위해 필요한 때 ⑪ 지적재조사 측량은 **의뢰대상에서 제외**
검사측량	소관청 또는 시·도지사가 측량성과를 검사(경계복원측량과 지적현황측량은 <u>검사대상 아님</u>)	검사측량은 **의뢰대상에서 제외**

❖ **지적측량절차**

① 지적측량의뢰(재·검은 제외) → 지적측량수행자에게
② 지적측량수행자 - 다음날까지 - 지적소관청에 지적측량수행계획서 제출

구분	측량기간	검사기간
동지역, 읍·면지역	5일	4일
협의 또는 계약	협의기간의 3/4	협의기간의 1/4
지적측량기준점설치	15점 이하는 4일, 15점 초과는 4점 증가시마다 4일에 1일씩 가산	

지문비교

01 지적확정측량 및 지적재조사측량도 지적측량에 포함된다. .... (○)

02 지적확정측량 및 지적재조사측량은 지적측량에서 제외된다. .... (×)

03 토지소유자 등 이해관계인이 지적측량이 필요한 경우(단 검사측량, 지적재조사 측량 제외)에는 지적측량수행자에게 의뢰한다. .... (○)

04 토지소유자 등 이해관계인이 지적측량이 필요한 경우(단 검사측량, 지적재조사 측량 포함)에는 지적측량수행자에게 의뢰한다. .... (×)

05 지적공부를 정리하지 않는 경계복원측량과 지적현황측량은 검사를 받지 않는다. .... (○)

06 지적공부를 정리하지 않는 경계복원측량과 지적확정측량은 검사를 받지 않는다. .... (×)

07 지상 건축물 등의 현황을 지적도 임야도의 경계와 대비하여 표시하는 경우에 지 적현황측량을 실시한다. .... (○)

08 지상 건축물 등의 현황을 지형도에 표시하는 경우에 지적현황측량을 실시한다. .... (×)

09 검사측량과 지적재조사 측량을 제외한 지적측량을 의뢰하고자 하는 자는 지적측 량의뢰서에 의뢰사유를 증명하는 서류를 첨부하여 지적측량수행자에게 제출하여 야 한다. .... (○)

10 지적측량수행자가 지적측량의뢰를 받은 때에는 측량기간, 측량일자 및 측량 수수 료 등을 적은 지적측량수행계획서를 그 다음 날 까지 시·도지사에게 제출하여 야 한다. .... (×)

11 지적측량의뢰인과 지적측량수행자가 서로 합의하여 따로 기간을 정하는 경우에 는 그 기간에 따르되 전체 기간의 4분의 1은 측량기간으로 전체기간의 4분의 3은 측량검사 기간으로 본다. .... (×)

12 지적기준점을 설치하여 측량 또는 측량검사를 하는 경우 지적기준점이 15점 이 하인 경우에는 4일을, 15점을 초과하는 경우에는 4일에 15점을 초과하는 4점마다 1일을 가산한다. .... (○)

기출문제

01 공간정보의 구축 및 관리 등에 관한 법령상 지적측량을 실시하여야 하는 경우를 모두 고른 것은?

2019

> ㉠ 토지소유자가 지적소관청에 신규등록 신청을 하기 위하여 측량을 할 필요가 있는 경우
> ㉡ 지적소관청이 지적공부의 일부가 멸실되어 이를 복구하기 위하여 측량을 할 필요가 있는 경우
> ㉢ 「지적재조사에 관한 특별법」에 따른 지적재조사사업에 따라 토지의 이동이 있어 측량을 할 필요가 있는 경우
> ㉣ 토지소유자가 지적소관청에 바다가 된 토지에 대하여 지적공부의 등록말소를 신청하기 위하여 측량을 할 필요가 있는 경우

① ㉠, ㉡, ㉢   ② ㉠, ㉡, ㉣   ③ ㉠, ㉢, ㉣
④ ㉡, ㉢, ㉣   ⑤ ㉠, ㉡, ㉢, ㉣

해설 ㉠ 신규등록측량
㉡ 복구측량
㉢ 지적재조사측량
㉣ 말소측량

✅ 정답 ⑤

02 공간정보의 구축 및 관리 등에 관한 법령상 토지소유자 등 이해관계인이 지적측량수행자에게 지적측량을 의뢰하여야 하는 경우가 아닌 것을 모두 고른 것은? (단, 지적측량을 할 필요가 있는 경우임)

2021

> ㉠ 지적측량성과를 검사하는 경우
> ㉡ 토지를 등록전환하는 경우
> ㉢ 축척을 변경하는 경우
> ㉣ 「지적재조사에 관한 특별법」에 따른 지적재조사사업에 따라 토지의 이동이 있는 경우

① ㉠, ㉡   ② ㉠, ㉣   ③ ㉢, ㉣
④ ㉠, ㉡, ㉢   ⑤ ㉡, ㉢, ㉣

해설 지적측량에는 포함되나 소유자등이 지적측량수행자에게 측량 의뢰하는 대상은 아니다.

✅ 정답 ②

03 공간정보의 구축 및 관리 등에 관한 법령상 지상건축물 등의 현황을 지적도 및 임야도에 등록된 경계와 대비하여 표시하는 지적측량은? 2021

① 등록전환측량   ② 신규등록측량   ③ 지적현황측량
④ 경계복원측량   ⑤ 토지분할측량

◎ 정답 ③

04 공간정보의 구축 및 관리 등에 관한 법령상 지적측량을 실시하여야 하는 경우로 틀린 것은? 2022

① 지적기준점을 정하는 경우
② 경계점을 지상에 복원하는 경우
③ 지상건축물 등의 현황을 지형도에 표시하는 경우
④ 바다가 된 토지의 등록을 말소하는 경우로서 측량을 할 필요가 있는 경우
⑤ 지적공부의 등록사항을 정정하는 경우로서 측량을 할 필요가 있는 경우

◎ 정답 ③

05 공간정보의 구축 및 관리 등에 관한 법령상 지적측량수행자가 지적측량 의뢰를 받은 때 그 다음 날까지 지적소관청에 제출하여야 하는 것으로 옳은 것은? 2023

① 지적측량 수행계획서   ② 지적측량 의뢰서
③ 토지이동현황 조사 계획서   ④ 토지이동 정리 결의서
⑤ 지적측량결과서

◎ 정답 ①

06 공간정보의 구축 및 관리 등에 관한 법령상 지적측량의 측량기간 및 검사기간에 대한 설명이다. (   )에 들어갈 내용으로 옳은 것은? (단, 지적측량 의뢰인과 지적측량 수행자가 서로 합의하여 따로 기간을 정하는 경우는 제외함) 2023

> 지적측량의 측량기간은 (㉠)일로 하며, 측량검사 기간은 (㉡)일로 한다. 다만, 지적기준점을 설치하여 측량 또는 측량검사를 하는 경우 지적기준점이 15점 이하인 경우에는 (㉢)일을, 15점을 초과하는 경우에는 (㉣)일에 15점을 초과하는 (㉤)점마다 1일을 가산한다.

◎ 정답 5,4,4,4,4

필수테마 29 | 지적기준점

핵심 정리

구분	지적기준점 표지관리	측량성과의 관리	측량성과의 열람신청	통보
지적삼각점	지적소관청	시·도지사	시·도지사 또는 지적소관청	표지설치변경시 지적소관 청이 시·도지사에게 통보
지적삼각보조점	지적소관청	지적소관청	지적소관청	
지적도근점	지적소관청	지적소관청	지적소관청	

지문비교

01 시·도지사나 지적소관청은 지적기준점성과와 그 측량기록을 보관하여야 한다. .... (○)

02 시·도지사나 지적소관청은 지적삼각점성과와 그 측량기록을 보관하여야 한다. .... (×)

03 지적삼각점성과를 열람하거나 등본을 발급받으려는 자는 시·도지사 또는 지적 소관청에게 신청하여야 한다. .... (○)

04 지적삼각점성과를 열람하거나 등본을 발급받으려는 자는 시·도지사에게 신청하 여야 한다. .... (×)

05 지적삼각보조점성과를 열람하거나 등본을 발급받으려는 자는 지적소관청에 신청 하여야 한다. .... (○)

06 지적소관청은 연 1회 이상 지적기준점표지의 이상 유무를 조사하여야 한다. 이 경우 멸실되거나 훼손된 지적기준점표지를 다시 설치하거나 보수하여야하며, 계 속 보존할 필요가 없을 때에는 폐기할 수 있다. .... (○)

기출문제

01 공간정보의 구축 및 관리 등에 관한 법령상 지적기준점성과와 지적기준점성과의 열람 및 등본 발급 신청기관의 연결이 옳은 것은? 2020

① 지적삼각점성과 - 시·도지사 또는 지적소관청
② 지적삼각보조점성과 - 시·도지사 또는 지적소관청
③ 지적삼각보조점성과 - 지적소관청 또는 한국국토정보공사
④ 지적도근점성과 - 시·도지사 또는 한국국토정보공사
⑤ 지적도근점성과 - 지적소관청 또는 한국국토정보공사

해설 지적삼각점성과의 열람과 등본발급신청은 시·도지사 또는 지적소관청에 하여야 하지만 지적삼각보조점성과나 지적도근점성과의 열람과 등본발급신청은 지적소관청에게 한다.

✅ 정답 ①

02 공간정보의 구축 및 관리 등에 관한 법령상 지적측량의 의뢰, 지적기준점성과의 보관·열람 및 등본 발급 등에 관한 설명으로 옳은 것은? 2022

① 지적삼각보조점성과 및 지적도근점성과를 열람하거나 등본을 발급받으려는 자는 지적측량수행자에게 신청하여야 한다.
② 지적측량을 의뢰하려는 자는 지적측량 의뢰서에 의뢰 사유를 증명하는 서류를 첨부하여 지적소관청에 제출하여야 한다.
③ 시·도지사나 지적소관청은 지적기준점성과와 그 측량기록을 보관하고 일반인이 열람할 수 있도록 하여야 한다.
④ 지적소관청이 지적측량 의뢰를 받은 때에는 측량기간, 측량일자 및 측량 수수료 등을 적은 지적측량 수행계획서를 그 다음 날까지 지적측량수행자에게 제출하여야 한다.
⑤ 지적측량 의뢰인과 지적측량수행자가 서로 합의하여 따로 기간을 정하는 경우에는 그 기간에 따르되, 전체 기간의 4분의 1은 측량기간으로, 전체 기간의 4분의 3은 측량검사기간으로 본다.

해설 ① 지적삼각보조점성과 및 지적도근점성과를 열람하거나 등본을 발급받으려는 자는 지적소관청에게 신청하여야 한다. ② 지적측량을 의뢰하려는 자는 지적측량 의뢰서에 의뢰 사유를 증명하는 서류를 첨부하여 지적측량수행자에 제출하여야 한다. ④ 지적측량수행자가 지적측량 의뢰를 받은 때에는 측량기간, 측량일자 및 측량 수수료 등을 적은 지적측량 수행계획서를 그 다음 날까지 지적소관청에게 제출하여야 한다. ⑤ 전체 기간의 4분의 3은 측량기간으로, 전체 기간의 4분의 1은 측량검사기간으로 본다.

✅ 정답 ③

필수테마 30 | 지적위원회와 지적측량적부심사

핵심 정리

축척변경위원회·지적위원회 모두 5인 이상 10인 이내, 과반수 출석 과반수 찬성으로 의결
지적위원회 − 위원장 부위원장을 제외한 위원 임기 − 2년
축척변경위원회 위원, 위원장−지적소관청이 위촉, 지명
중앙지적위원회 위원 − 국토교통부장관이 위촉
중앙지적위원회 심의 의결사항 − 재심사, 정책개발, 기술연구개발, 기술자양성, 징계

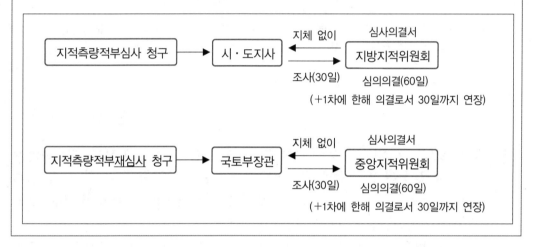

지문비교

01 중앙지적위원회의 간사는 국토교통부의 지적업무 담당 공무원 중에서 지적업무 담당 국장이 임명하며, 회의 준비, 회의록 작성 및 회의 결과에 따른 업무 등 중앙지적위원회의 서무를 담당한다. ……………………………………… (×)

02 중앙지적위원회의 위원장 및 부위원장을 제외한 위원의 임기는 2년으로 한다. ……………………………………………………………………………… (○)

03 위원장이 위원회의 회의를 소집하는 때에는 회의일시 장소 및 심의안건을 회의 5일 전까지 각 위원에게 서면으로 통지하여야 한다. ……………………… (○)

04 시·도지사는 지방지적위원회의 지적측량 적부심사 의결서를 받은 날부터 7일 이내에 지적측량 적부심사 청구인 및 이해관계인에게 그 의결서를 통지하여야 한다. ……………………………………………………………………………… (○)

05 지적측량 적부심사청구를 받은 지적소관청은 30일 이내에 다툼이 되는 지적측량의 경위 및 그 성과, 해당 토지에 대한 토지이동 및 소유권 변동 연혁, 해당 토지 주변의 측량기준점, 경계, 주요 구조물 등 현황 실측도를 조사하여 지방지적위원회에 회부하여야 한다. ……………………………………………………………… (×)

06 지적측량 적부심사청구를 받은 시·도지사는 30일 이내에 다툼이 되는 지적측량의 경위 및 그 성과, 해당 토지에 대한 토지이동 및 소유권 변동 연혁, 해당 토지 주변의 측량기준점, 경계, 주요 구조물 등 현황 실측도를 조사하여 지방지적위원회에 회부하여야 한다. ……………………………………………………………… (○)

07 의결서를 받은 자가 지방지적위원회의 의결에 불복하는 경우에는 그 의결서를 받은 날부터 90일 이내에 시·도지사를 거쳐 중앙지적위원회에 재심사를 청구할 수 있다. ……………………………………………………………………………… (×)

08 의결서를 받은 자가 지방지적위원회의 의결에 불복하는 경우에는 그 의결서를 받은 날부터 90일 이내에 국토교통부장관을 거쳐 중앙지적위원회에 재심사를 청구할 수 있다. ……………………………………………………………………… (○)

기출문제

01 공간정보의 구축 및 관리 등에 관한 법령상 지적측량의 적부심사 등에 관한 설명으로 옳은 것은?
2021

① 지적측량 적부심사청구를 받은 지적소관청은 30일 이내에 다툼이 되는 지적측량의 경위 및 그 성과, 해당 토지에 대한 토지이동 및 소유권 변동 연혁, 해당 토지 주변의 측량기준점, 경계, 주요 구조물 등 현황 실측도를 조사하여 지방지적위원회에 회부하여야 한다.

② 지적측량 적부심사청구를 회부받은 지방지적위원회는 부득이한 경우가 아닌 경우 그 심사청구를 회부받은 날부터 90일 이내에 심의·의결하여야 한다.

③ 지방지적위원회는 부득이한 경우에 심의기간을 해당 지적위원회의 의결을 거쳐 60일 이내에서 한 번만 연장할 수 있다.

④ 시·도지사는 지방지적위원회의 지적측량 적부심사 의결서를 받은 날부터 7일 이내에 지적측량 적부심사 청구인 및 이해관계인에게 그 의결서를 통지하여야 한다.

⑤ 의결서를 받은 자가 지방지적위원회의 의결에 불복하는 경우에는 그 의결서를 받은 날부터 90일 이내에 시·도지사를 거쳐 중앙지적위원회에 재심사를 청구할 수 있다.

해설 ① 지적소관청 → 시·도지사
② 90일 → 60일
③ 60일 → 30일
⑤ 시·도지사를 거쳐 중앙지적위원회에 재심사를 청구 → 국토교통부장관을 거쳐 중앙지적위원회에 재심사를 청구

◎ 정답 ④

02 공간정보의 구축 및 관리 등에 관한 법령상 중앙지적위원회의 심의·의결사항으로 틀린 것은? 2020

① 측량기술자 중 지적기술자의 양성에 관한 사항
② 지적측량기술의 연구·개발 및 보급에 관한 사항
③ 지적재조사 기본계획 수립 및 변경에 관한 사항
④ 지적 관련 정책 개발 및 업무 개선 등에 관한 사항
⑤ 지적기술자의 업무정지 처분 및 징계요구에 관한 사항

해설 지적재조사 기본계획 수립 및 변경은 지적재조사특별법에 의하여 국토교통부장관이 하여야 한다. 즉 중앙지적위원회의 심의 의결사항이 아니다.
  제28조(지적위원회) ① 다음 각 호의 사항을 심의·의결하기 위하여 국토교통부에 중앙지적위원회를 둔다. 〈개정 2013. 7. 17.〉
    1. 지적 관련 정책 개발 및 업무 개선 등에 관한 사항
    2. 지적측량기술의 연구·개발 및 보급에 관한 사항
    3. 제29조 제6항에 따른 지적측량 적부심사(適否審査)에 대한 재심사(再審査)
    4. 제39조에 따른 측량기술자 중 지적분야 측량기술자(이하 "지적기술자"라 한다)의 양성에 관한 사항
    5. 제42조에 따른 지적기술자의 업무정지 처분 및 징계요구에 관한 사항

◎ 정답 ③

03 공간정보의 구축 및 관리 등에 관한 법령상 중앙지적위원회의 구성 및 회의 등에 관한 설명으로 옳은 것을 모두 고른 것은? 2023

ㄱ 중앙지적위원회의 간사는 국토교통부의 지적업무 담당 공무원 중에서 지적업무 담당 국장이 임명하며, 회의 준비, 회의록 작성 및 회의 결과에 따른 업무 등 중앙지적위원회의 서무를 담당한다.
ㄴ 중앙지적위원회의 회의는 재적위원 과반수의 출석으로 개의(開議)하고, 출석위원 과반수의 찬성으로 의결한다.
ㄷ 중앙지적위원회는 관계인을 출석하게 하여 의견을 들을 수 있으며, 필요하면 현지조사를 할 수 있다.
ㄹ 위원장이 중앙지적위원회의 회의를 소집할 때에는 회의 일시·장소 및 심의 안건을 회의 7일 전까지 각 위원에게 서면으로 통지하여야 한다.

◎ 정답 ㄴ, ㄷ

제36회 공인중개사 시험대비 **전면개정판**

2025 박문각 공인중개사
김병렬 기출문제 테마기출 30선 2차 부동산공시법령

초판인쇄 | 2025. 1. 5. **초판발행** | 2025. 1. 10. **편저** | 김병렬 편저
발행인 | 박 용 **발행처** | (주)박문각출판 **등록** | 2015년 4월 29일 제2019-000137호
주소 | 06654 서울시 서초구 효령로 283 서경빌딩 4층 **팩스** | (02)584-2927
전화 | 교재 주문 (02)6466-7202, 동영상문의 (02)6466-7201

저자와의
협의하에
인지생략

정가 12,000원
ISBN 979-11-7262-522-1